CRÉATURES FANTASTIQUES
DEYROLLE

図説
異形の生態
幻想動物組成百科

JEAN-BAPTISTE DE PANAFIEU
ジャン＝バティスト・ド・パナフィユー
CAMILLE RENVERSADE
カミーユ・ランヴェルサッド
【画】

星加久実
【訳】

原書房

CONTENTS

CONTENTS

はじめに　　デロール代表 ルイ・アルベール・ド・ブロイ

「ああ、なんという時代か！　なんという慣習か！」という古代の哲学者キケロの言葉がある。私も「ああ、どれほど多くの小学生がこの世界で育てられてきたことか！」と言いたい。もちろん真面目な子もいれば、落ち着きのない子もいる。それでもジュール・フェリーが初等教育を無償化してから1970年代にいたるまで、何人もの小学生がデロールのすばらしい図鑑『さまざまな物事の学習 [Leçons de choses]』で学んできたのだ。

『さまざまな物事の学習』には、体系化された図版と総合的な文章が並ぶ。そこで目にしたものは、大人になってもしっかりと脳に刻み込まれているはずだ。動物学、植物学、フランスの地図、解剖学、骨学、市民教育、さらに博物学に関する図版もある。

「ああ、学校を舞台に何度同じことが繰り返されてきたことか！」。自分にも思い当たるふしがある。教師たちは、授業を聞かずによそを向いている生徒を厳しく叱り、罰を与えた。あの金切り声を何度耳にしたことだろう。教師に怒られた落ちこぼれの生徒（僕もそうだった）は、愚か者のしるしとして悪名高きロバの帽子をかぶせられ、教室の隅に立たされる。そんな子たちにとっては、ロバは童話に出てくるかわいい動物にすぎなかったかもしれないが。

僕たちは、同級生の冷やかしに立ち向かい、教師の意地悪な視線に目もくれず、デロール創業者の孫エミール・デロールの言葉にも耳を傾けなかった。「視覚を使った教育はそれほど頭を使わないが、その映像が子どもたちの心に正確に刻み込まれたとき、すばらしい結果をもたらす」。僕らは、やがてそれが人生のすばらしい教訓になるとはまったく知らないまま、ただただ図鑑を眺めていたのだ！

図鑑を眺めている子どもたちの精神は、詩人プレヴェールが言うように、自由を手にして奔放に駆けまわる。カエルの変態や卵の孵化に夢中になりながら、心のなかの広大な草原を走りまわるのだ。子どもたちは、単にキジ目や無脊椎動物の解

4

剖学的な説明を読むだけではなく、生物の進化の過程や見事なイラストのなかに隠された謎や暗号を解き明かしていく。

　僕らはあらゆる感覚を総動員して、自分だけの物語へと誘われ、想像の世界を船で漕ぎ進む。頭のなかにある空想は、誰にも盗むことはできない。僕らは授業をすっぽかしたけれど、空想の世界では大人になれた。誰よりも大物で、立派で、勇敢。オデュッセウスやマルコ・ポーロ、ジュール・ヴェルヌ、エドガー・アラン・ポーよりも優れた人物にもなれたのだ。そして、新たな冒険を求めてあらゆる生物に向き合い、知られざる海を漕ぎ進みながら、未知の生物との出会いを夢見る。ジャッカロープ、ユニコーン、ドラゴン……。僕らは大人の言うことを聞く従順な子どもたちよりずっと勇ましかった。そして、アンフィスバエナ、恐ろしいリビアの蛇、マンティコア、ハルピュイアと戦うために旅に出る。たとえクラーケンやケートス、巨大ガニから危うく逃れてきたとしても恥ずかしいとは思わない。教室にいる敵から冷やかされても、もう顔を真っ赤にはしない。なぜなら僕らは、神話や伝説を読み、先人たちから知恵を授かり、凶暴な怪物に襲われたときの治療法を知っているのだから。空想の世界を支配する不死鳥フェニックスを追う冒険者にだってなれるのだから。

　僕らがどんなセイレーンに誘惑され、どんなイエティを手なずけることになるのかはわからない。犬の頭をしたキュノケファロスの言葉を理解し、雄牛と雌馬の子ジュマールに乗り、ヒュドラを従え、家畜小屋で竜のようなタラスクと角の生えたウサギを育てる。セールやグリフォンを連れて自分だけの「驚異の部屋」を彩るような新たな発見を求めて旅立つ。その部屋のことは、臆病者や普通の人たちには教えない。ユニコーンやネス湖の怪獣ぐらいしか知らず、それ以外には日常を離れて好奇心をくすぐられ、恐怖で凍りつくようなことがない人たちには内緒なのだ。

　僕らは偉大な伝説を語り継ぎ、胸おどる冒険にみんなを導く案内人にならなければならない。いつの日か超自然史学の図鑑をつくれるように!

　本書のイラストを描いてくれた非凡なる友人、カミーユ・ランヴェルサッド。学術的で詩情豊かな文章を添えてくれた、ジャン=バティスト・ド・パナフィユー。ふたりのすばらしい業績に大いなる感謝を捧げたい。

幻想の生き物たち

神秘的でどこかにいそうな、ときに実在する生き物たち

すべてがありうる世界

　古代の地理学者や博物学者の言葉を信じるなら、この世界にはかつて、犬の頭をもつ人間や船を難破させる魚の姿をした女性、不死の鳥、島のように大きなクジラがあふれていた。巨大な森や人間の住む土地を囲むように広がる謎の湿地から、奇妙な動物がいきなり姿を現すかもしれない。旅人たちは果てしない砂漠を渡り、大洋を航海しながら、日々、想像を超えるような生き物との出会いを心待ちにしていたのだろう。家を一歩出た途端、海の怪獣や森の怪物に出くわす可能性だってあったのだ。

　人間が足を踏み入れていない未知の世界では、何が起こってもおかしくはない。知られざる巨大生物、驚異的な進化を遂げた動物、さまざまな混合動物、ときには人間のような姿をした生き物たち……。神話上の神々やニンフ、ファウヌス、サテュロス、森や水の神たちは、次々と新しい生物を誕生させていった。旅人たちは、古くから伝わる小人やユニコーンや巨大ワシの物語を受け継ぎ、それらの存在を裏づける痕跡を見つけることで物語をさらに豊かにしていく。だが、こうした生き物の存在を疑う人もいた。古代の博物学者プリニウスは、人魚もペガサスも信じることはなかったものの、次のように述べている。「現実に起こるまでありえないと思われてきたことが、どれほど多いことか」。ただし実際は、大半の人が、物語に登場する動物はどこかに実在しているものだと考えていた。また、伝説だと思われていたことが事実だったこともある。サイが生きているなら、ドラゴンがこの世に生きていてもおかしくはないのだ!

　海には、ときどき水面から姿を現す怪物があふれている。また、暑い土地には巨大動物や驚異的な生物が誕生しやすいと考えられ、インドやエチオピアには数多

くの伝説の生き物が生息しているという。さらに北欧にもたくさんの神話が残っている。ヘロドトスは、グリフォンが北方の伝説の民族ヒュペルボレイオスの住む地域に生息している、と記した。中世になると幻の動物を探し求める旅がさかんになり、実際にさまざまな生き物が発見されていく。とはいえ、マルコ・ポーロが見たというユニコーンはインドサイにそっくりで、ロック鳥の話はすべて人から聞いたものにすぎなかった。また、コロンブスは航海の途中でセイレーンを何匹も見たと断言しているが、もしかしたらそれは実在の動物マナティーだったのかもしれない……。

神の創造

　中世の人々は、自然をありのままに描くことに興味をもたなかった。すでにアリストテレスとプリニウスがすべてを語り尽くしたではないか、と。当時の動物に関する書物といえば、実在する動物の狩猟の手引きや動物を題材とした寓話集に限られていた。後者は、2世紀にギリシア語で書かれた『フィシオログス』の記述や古くからあるさまざまな伝承が集められた書物だ。どの話にも何かしらの教訓が含まれ、ライオンやキジバトといっしょに不死鳥やユニコーンやセイレーンが登場する。この書物はさまざまな言語に翻訳され、その過程でプリニウスやセビーリャの聖イシドールスの記述も加えられていった。ピエール・ド・ボーヴェは、フランスで初めて出版された動物寓話集のなかで、寓話の目的について次のように述べた。「地上に創られたすべての動物は、その行いから信仰や信条を学べるように神が人間のためにお創りになったものである。この動物寓話を読むことで聖書を理解することができるのだ」。自然は学ぶべき書であり、動物たちの振る舞いには読み解くべきメッセージが隠されているはずだ、とボーヴェは語っている。

もし地上に創られた動物が神の意志によるものだとしたら、その枠組みから飛び出した生き物は悪魔の産物といえるだろう。コウモリのような空を飛ぶ哺乳類、蛇のような足のない四足動物、ミミズクなどの夜行性の鳥……。ピーテル・ブリューゲルやヒエロニムス・ボスが描いた絵のなかでは、鱗をもった猫、半鳥半魚など異なる種のかけ合わせから生まれた動物たちが悪魔を囲んでいる。そうした動物たちは、あらゆるルールが守られていない、神が不在の混沌とした世界を象徴している。

　初期の博物学者たちは、異種交配で生まれた動物や怪物に関心をもっていた。そもそも「怪物」とは、2つの頭をもつ牛や結合双生児など、大きく変異した動物や人間のことを表し、それらはすべて神の意志によって生み出されると考えられてきた。研究の対象となるまでは、何かしら神のメッセージをもった存在だったのだ。中世になると「怪物」という言葉は、伝説上のどこか恐ろしい生き物にも使われるようになる。著名な外科医のアンブロワーズ・パレは、ユニコーンなど伝説の動物を扱った『怪物と驚異 [Monstres et prodiges]』のなかで、はっきりと次のように述べている。「怪物は自然の営みの外に現れた生き物であり、不幸が訪れる前触れとみなされることが多い」。パレは、手足が多すぎたり、足りなかったり、ほかの種に似た頭をもつような普通とは違う動物や人間について触れたかと思えば、悪魔や悪魔的な幻想について語りはじめ、そしていきなりセイレーンやトリトンなどの人魚、司教や修道士のような姿をした魚など、海の怪物へと話題を移していく。パレが紹介したさまざまな動物は、同時代に生きた司祭・探検家のアンドレ・テヴェの宇宙論にも引用された。おそらくテヴェは、旅の途中で目にした動物たちを自分の信念をもとに解釈し、あるときは姿を変えて紹介した。というのも、彼の描いた世界では、今となっては当たり前の象やダチョウが、謎の生物ユルパラムやサナクスとともに暮らしているのだ！

16世紀には、博物学者のピエール・ブロンやギヨーム・ロンドレがさまざまな書物を出版する。彼らは古代の書物を参照するだけでなく、独自の考察を加えて博物学に革命を起こした。 また、ヨーロッパに生息する生物を動物学の視点から分析しつつも、鱗をもつシー・ライオンやユニコーンへの興味も失わなかった。博物学者たちのなかには、乾燥したエイでつくられたバシリスクや人魚といった、明らかな「作り物」を否定する人もいた。だが一方で、神の意志から創られたはずのものを否定はできないとして、あらゆるものを収集しようとする学者もいた。

　アメリカ大陸の発見は、古くからある動物寓話を否定するどころか、さらなる怪物伝説を生み出した。探検家たちはつねに、幻想動物への大きな憧れと、自ら目にしたものを正確に客観的に記したい、というこの時代に新たに芽生えた欲望のあいだで揺れ動いていた。1709年、新大陸を訪れた数学者・植物学者のルイ・フイエ神父はこう語った。「自然はつねに新しいことに満ちあふれ、その力は絶大である。自然は生き物に変化を求め、その変化を妨げるものはこの世に存在しない」。彼は「マニクー」と呼ばれる「怪物のような特異な姿をしたネズミ、キツネ、サル、アナグマが混じった動物」を紹介した。だが実は、その怪物はこの世に存在していた。彼の細かい観察と記述のおかげで、今となってはそれがオポッサム（マルティニク島ではマニクーと呼ばれる）のことだとわかっている。

新種のドラゴンたち

　19世紀に入ると、より合理的な思考が求められるようになる。西洋の探検家たちの前には、まだまだ未開拓の土地が広がっていた。ルネサンス期に世界をひもとくための研究が始まって以来、あらゆるものが調べられ、分類されてきた。未確認

生物の宝庫といえば深海だが、当時の航海者や博物学者たちは赤道地帯の森林でも次々と新種の生物を発見した。そうしたなかで、古代の怪物たちは次第に居場所を失い、過去の賢人たちが書き残した物語の効力も薄まっていった。のちに歴史家ポール・ドロネが言ったように、中世のアンドレ・テヴェは単なる「支離滅裂な修道士」「学者たちを夢中にさせる子どもじみた与太話の語り部」としかみなされなくなった。

一方で、本物の博物学者たちによる発見や信憑性のある目撃証言によって、かつては疑わしいと思われていた生物の存在が証明されたこともある。たとえば、怪物クラーケンの正体はダイオウイカだった。マダガスカルでは、伝説のロックを思わせる巨大な鳥がいたことを示す骨が発見された。残念ながら、その鳥はロックのようには飛べなかったのだが。やがて古生物学者たちは、聖書に登場するリヴァイアサンや古代のドラゴンよりももっと突飛な生物について語りはじめる。ついに恐竜が発掘されたのだ！ これを古代の生き物たちが再び脚光を浴びるチャンスだととらえる人もいた。「恐竜のメガロサウルスの姿から、体長約10メートルの巨大トカゲや聖マルタによって鎮められたローヌ川の怪物タラスクを思わずにいられようか?」と博物学者のキュヴィエは言う。さらに、首長竜の存在から、ヒュドラのような古代の怪物たちのこともある程度説明できるのではないかとも考えた。「プテロダクティルスはまさにドラゴンを思わせる。そもそも神話では、世界の支配をめぐって人間とドラゴンがつねに戦いを繰り広げていた。ドラゴンが姿を消したのも、勇敢な英雄や半神や神たちのおかげなのだ」

ジュール・ルコントは著作『実在の疑わしい動物の博物学［*Histoire naturelle des animaux apocryphes*］』のなかで、過去の伝説を科学的に解明した。「少し想像力を働かせれば、実在していた巨大動物が絶滅を機に伝説に変わったとも考えられ

る。博物学とはつまり、神の気まぐれとしか思われていなかった物事を科学の力で類推し、推測する学問である」。また、古生物学や比較解剖学といった新しい学問も宗教的な概念を支える下地となった。伝説の生き物が生きていたということは「聖書を否定する人々への反論となる。前世紀には解決できなかったことが、科学の力によって明らかになったのだ」。1833年に書かれた『キリスト教哲学年報［*Annales de philosophie chrétienne*］』には、「恐竜の発見によって、旧約聖書に記されたドラゴンの存在が確かなものになった!」と記されている。

　ジュール・ベルジェ・ド・シヴレが『怪物たちの神話［*Traditions tératologiques*］』で触れているように、ヨーロッパライオンはかつて生息していた地域から姿を消した。シヴレは次のように問いかけている。「我々がまだ研究できていない動物たちが、人類が到達できない場所や未開拓の土地で生き延びている可能性は、本当にないのだろうか?」。のちにコナン・ドイルが『失われた世界』で語ったように、わずかに視点を変えれば、恐竜や有史以前の動物たちが今日でも生き残っていると想像することができる。私たちは湖で首長竜を、アフリカの湿地でディプロドクスを探しつづける。クラーケンの正体はすでに明らかになった。ならば、少しずつその壮大さが明らかになってきた深海には、さらなる驚きが隠されているに違いない。ジュール・ルコントは「いったい誰が海の謎をすべて解き明かせるというのか?」と問いかけた。その3世紀前に、ピエール・ブロンが「海に怪物や奇妙な生物がいないなどと疑うなかれ」と言ったのと同じように。

　博物学者は2つの暗礁に乗り上げないように気をつけなければならない。ひとつは世間一般に広がる懐疑主義。これにとらわれると、新しいアイデアを受け入れられなくなる恐れがある。そしてもうひとつは、なんでも簡単に信じ込んでしまうこと。これは同じ分野の学者からの信用を失うことにつながる。実際のところ、博物学で

すべてが明らかになることはない。ある生き物を捕獲すればその存在を証明できるが、その生き物が「存在しないこと」を証明するのは不可能だからだ。さらに、研究者は精巧につくられた偽物の作品とも向き合わなくてはならない。ヨーロッパでは長年にわたって翼や角を生やしたウサギの剥製がつくられ、船乗りたちは南方の海から干からびたサルと魚の尾ビレを合体させたセイレーンのミイラを持ち帰ってきた。1842年、アメリカの有名な興行師フィニアス・T・バーナムは、ニューヨークで「フィジーのセイレーンのミイラ」を展示する。当時の人々はこれに魅了されたが、博物学者たちはだまされなかった。だが同時に、博物学者たちはその横に展示されたカモノハシの剥製も認めようとはしなかったのだ！　1845年には、医師のアルベルト・C・コッホが同じくニューヨークで有史以前のシー・サーペントだという体長33メートルのヒドラルコスの骨を展示したが、動物学者たちはその骨が有史以前に実在したクジラ類のバシロサウルスのものだと見破った。

現代の未確認動物学

　私たちは、クラーケンだけでなくシー・サーペントの発見にも力を注いできた。神話に登場するこの生物は、未確認動物学において重要な存在である。「未確認動物学」は、「謎に満ちた動物に関する研究」を行う科学的な学問として1959年ごろに命名された。この分野の学者たちは、動物学では取り上げられない想像上の動物が、実際にこの世に存在するのではないかと考える。それを証明するのは簡単なことではないが、すでに確認されている類似の動物と関連づけながら「未確認動物」の正体をつきとめようとする。シー・サーペントは首の長いアシカかもしれないし、ネス湖の怪獣は有史以前の首長竜の生き残りかもしれない。イエティはネア

ンデルタール人の末裔かもしれないのだ。

　かつて伝説と考えられていた巨大イカの発見や、1900年になってようやく発見されたオカピなどの例を根拠として、未確認動物学の研究者たちは、地方の伝承や伝説に描かれた動物が今でもどこかに生きているかもしれないと主張する。彼らは真の科学者として認められるために、生物学や動物学のメソッドを用いる。しかし、未確認動物学の研究は目撃証言に頼るしかないのが現実だ。そして、どれだけ多くの目撃証言があったとしても、決定的な証拠にはならない。今のところ、イエティの体毛や足跡はありふれた四足動物のものだと判明し、ネス湖の怪獣の写真は説得力に欠けるものばかりだ。そもそも、「新種の発見」は動物学者たちの主要なテーマのひとつだが、近年発見されているのは、伝説では完全に無視されていた小動物がほとんどである。一方で、未確認動物学者たちの関心はつねに伝説上の巨大な生物に向けられている。

　科学者の心は、冷静な判断と素朴な情熱のあいだで揺れ動いている。古人類学者のイヴ・コパンは、カフカス地方のアルマスやイエティを探そうとしたマリー＝ジャンヌ・カウフマンの遠征の内容を疑おうとはしない。何が発見されるかは結局誰にもわからないのだ。個体数がきわめて少なく、絶滅の危機に瀕しているために、いまだ発見されていないだけかもしれない。そうした動物が保護対象として指定されるには、正式な学名がついていなければならない。そのため、ひとりの生物学者がネス湖の怪獣に学名をつけた。1975年の『ネイチャー』誌によると、ネス湖の怪獣は19世紀に広まった名を捨てて「Nessiteras rhombopteryx」と命名された。発見されたあかつきには、1年のうち一定期間は捕獲が禁じられる動物として認定されるのだ！

未来の幻想動物

　古代の怪物たちの伝説は現代を生きる私たちにまで語り継がれている。神話は受け継がれ、ヒッポグリフは映画のヒーローにまでなった。さまざまな科学的な発見のおかげで、新たな春を迎えている動物もいる。その一方で、人の頭をもつガリアの馬や、牛と狼男がかけ合わさったブザントロープ、女はスズメの足をもち男はダチョウの足をもつ人間ストリュトポッドといった種は、私たちの想像の世界から姿を消してしまった。また、南アメリカに現れた新種チュパカブラのように、新たな動物の寓話も生まれつづけている。それらの話は、古代の伝説とは一線を画す「都市伝説」と呼ばれる。

　この彩り豊かな動物寓話にもっとエキゾチックな生物、つまり地球外生物が仲間入りを果たす日も近いだろう！　太陽系について多くのことが解き明かされ、遠くの恒星が存在し、その周りをめぐる惑星があることを知った私たちは、まったく違った生物「エイリアン」への想像を膨らませていく。また地球上にも、多くの動物が暮らす環境とはかけ離れた環境に生きる生物がいる。極端な温度や気圧、無酸素状態……。人類とは異なる道を歩んできた生命が宇宙のどこかに存在するという説が、にわかに現実味を帯びてきたのだ。SF作家たちは長年にわたって地球外生物の姿を思い描いてきた。ある者は、地球の生物をもとに「火星人」を想像した。地球上の四足動物と同じように目が2つ、耳が2つ、口と歯があり、単なる人造人間とは違う姿……。また、想像力を駆使してまったく新たな生物を編み出した作家もいる。近い将来、それが単なる想像なのか、あるいは実際にそっくりな生物が存在するのかが判明する日が来るかもしれない！

ジャン＝バティスト・ド・パナフィユー

本 書 を 読 む に あ た っ て の 注 意 点

取り上げる生物について

　幻想の動物たちが登場する物語は、人間が文字を用いてそれらを記録するよりはるかに前から語り継がれてきたはずだ。しかし、ドイツのホーレンシュタイン・シュターデル洞窟で見つかった、約3万2000年前のライオンの頭をもつ男（女かもしれない）の像のように、最も古い時代の生物についてはほとんど明らかになっていない。また、人間はこれまで数えきれないほどの伝説の生物をつくり上げてきたが、それらすべてを調査することはできない。なかには、地域は違っても同じ特徴をもった生き物がいる。湖の怪獣、野生の人間、巨大なワシといった生物は、アメリカ大陸から太平洋の島々まで世界中の人々の想像の世界に住んでいる。本書では、ハヤブサの頭をもつエジプトの神ホルスや、半人半象のヒンドゥー教の神ガネーシャのように、「神」と崇められている生き物は紹介しない。また、スフィンクス、ミノタウロス、スキュラ、ケルベロスのように一体しか存在しない種にはスポットを当てず、セイレーンやユニコーンのようにオスとメスが存在し、子孫が生まれる可能性がある生物のみを取り上げている。

分類について

　本書の分類は、動物学にもとづいたものではないことをご理解いただきたい（系統学的分類とも古典的分類とも異なる）。たとえば、グリフォンは鳥類でありながら哺乳類でもあるが、だからといってコウモリと同じ仲間だとは考えていない。港で売られているつぎはぎだらけのミイラからはよくわからないが、セイレーンは海獣でありながら獣人であり、半身は女性の姿をしている。当然、異種交配の動物はいくつかのグループに属しており、動物学上の分類には当てはまらない存在である。

DRAGON ET SERPENTS

ドラゴンとヘビ

LE DRAGON D'OCCIDENT

西洋のドラゴン

博物学者はドラゴンの姿を書き記し、詩人は語り、芸術家は絵を描き像を彫ってきた。ドラゴンは古代の世界を生きてきた動物だ。それでも当時は書き手によってその姿が変わることはほとんどなく、唯一変わった点といえば、もともとは「クジラが魚の仲間であるように、ドラゴンは蛇の仲間だ」と考えられていたことだ。古代のドラゴンは巨大な蛇の姿をしていた。足があるかどうかは大して問題ではない。生えていたとしてもかなり短く、蛇のように地を這って移動した。獲物を捕らえるとき、特に天敵の象と戦うときはおもに尾を使ったという。2000年前の詩人ルカンは次のように書き残している。

その尾は力強く
締めつけられたら命はない
雄牛たちの力も及ばず
巨大な象でさえ最期を迎える

「雄ワシと雌オオカミが
交尾すると、ワシのくちばしと翼、
オオカミの尾と足をもつ
ドラゴンが誕生する」

ドラゴンは「大きな翼で大空を横切る」姿で描かれることもある。この空飛ぶ蛇は、いったいどこから翼を得たのだろう? 博物学では、まず外見と体の構造を研究し、それから誕生の秘密を探っていく。「雄ワシと雌オオカミが交尾すると、ワシのくちばしと翼、オオカミの尾と足、蛇のようにカラフルなまだら模様の肌をもつドラゴンが誕生する」という記述がある。父親と母親が違う動物の場合、生まれてくる動物はそれぞれの特徴を受け継ぐのだ。15世紀に入ると、その翼は猛禽類のような羽ではなく、コウモリのような膜で描かれるようになり、次第に、創世記の蛇や黙示録の怪物を思わせる、悪魔のような邪悪な姿へと変わっていく。そのドラゴンが富と力の象徴である象を攻撃するのも不思議ではない。「悪魔は富や力を嫌う」と考えられていたからだ。

ドラゴンには、蛇やバシリスクやワニといったほかの爬虫類と大きく異なる特徴がある。火を吐くのだ。初めは火のように速く飛ぶ姿で描かれていたのが、そのうち燃えるような息を吐くようになった。これは光をもたらす地獄の主ルキフェルのイメージとも重なる。人間にとってドラゴンとの戦いは悪魔との戦いを意味したため、聖人や騎士はドラゴンが絶滅するまで退治に向かった。

だが、それでもドラゴンは生き延びた。動物学者によると、西洋ではドラゴンのラテン語「ドラコ(Draco)」と名づけられた現代の「トビトカゲ」は、翼で空を飛ぶというより硬い膜で滑空する。体長は25センチメートル程度で少しも火を吐かない。また、若者や古生物学者のなかには、ドラゴンが別の子孫を残したと考える人もいる。凶暴な巨大動物、つまり恐竜のことだ。今でもドラゴンは映画や文学、ゲームの世界で存在感を放ちつづけている。また、「Draco」の子孫には、ドラキュラ(Dracula)伯爵もいる。意外なつながりに思えるかもしれないが、原点に戻ってプリニウスの記述を信じるなら納得できるだろう。「ドラゴンの体はとても大きく、しとめた象の血を一滴残らず吸い取る。その血を吸って酔いしれたドラゴンは、力を失って倒れこんできた象につぶされて命を落とした」

爬虫類、ドラゴン

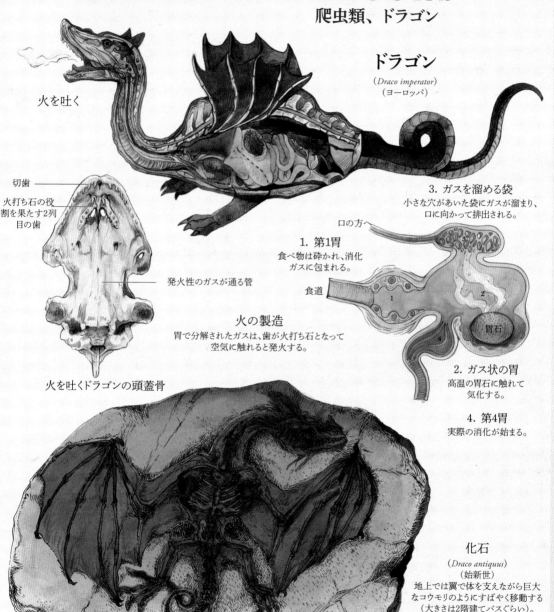

火を吐く

ドラゴン
(*Draco imperator*)
(ヨーロッパ)

切歯

火打ち石の役割を果たす2列目の歯

発火性のガスが通る管

3. ガスを溜める袋
小さな穴があいた袋にガスが溜まり、口に向かって排出される。

1. 第1胃
食べ物は砕かれ、消化ガスに包まれる。

口の方へ

食道

胃石

火の製造
胃で分解されたガスは、歯が火打ち石となって空気に触れると発火する。

2. ガス状の胃
高温の胃石に触れて気化する。

4. 第4胃
実際の消化が始まる。

火を吐くドラゴンの頭蓋骨

化石
(*Draco antiquus*)
(始新世)
地上では翼で体を支えながら巨大なコウモリのようにすばやく移動する（大きさは2階建てバスぐらい）。

デロール（パリ7区、バック通り46番地）

LE BASILIC

バシリスク

　古代から博物学者たちのあいだでは、バシリスクはあらゆる蛇のなかで最も強烈な毒をもつ生き物と考えられていた。その名は「蛇の王」を意味し、頭部は王冠の形をした小さな斑点に覆われている。バシリスクに咬まれたら最後、助かる見込みはない。その鳴き声を聞くと死が近いと言われ、その臭いは空を飛ぶ鳥が死んでしまうほどの強烈さ。さらに、バシリスクの姿を目にしたものは、またたく間に猛毒のえじきとなってしまう。その毒は直接触れていないものにまで害を及ぼす。「馬に乗った男がバシリスクを槍で突いて殺した。すると槍を伝った毒で男だけでなく馬までもが命を落とした」と伝え

9世紀ローマを襲った
ペストの原因とされる生き物

られている。もちろんその肉を食べようとした動物にもたちまち毒がまわる。アフリカの砂漠に出没するが、吐く息までもが有害なようだ。「バシリスクが通った場所に生えていた草や木々は、直接触れられていなくても、その息がかかっただけで枯れてしまう」

　初めのうちは、バシリスクの外見はぱっとしない。体長は、小さいもので指の幅12本分（約20センチメートル）、大きいもので足の大きさ6個分（6フィート＝約1.8メートル）もある。現代では「手足が発達していない」と言い方は蛇としては意外に思えるだろうが、昔の人にとっては当たり前だった。中世になると、足の生えた姿で描写されることが多くなったが、その本数は書き手によってさまざま。さらに鶏のような頭、鳥やコウモリのような翼も加えられた。1587年にワルシャワ近郊の洞窟に生息していたバシリスクは「大きさは雌鶏ぐらい。高く上げた頭には鶏のように黄色と青のトサカがある。目はヒキガエルに似ていて、翼の色は赤、青、黄色。4本足で歩く姿は威厳に

満ち、鶏の足に似た前足は黄色くて長く、カエルの足に似た後ろ足はぎざぎざしていて水かきがついている」と描写されている。このような形は、当然のことながら親である動物の特徴からくるものだ。バシリスクは年老いた雄鶏が産んだ卵をヒキガエルが温めると誕生すると考えられていたのだ。しかし、雄鶏には卵を産むのに必要な器官がない、とこの説を否定する者もいた。そういう者たちによれば、バシリスクは蛇によって受精された卵を雌鶏が産むことで誕生するらしい。いずれにしろ、悪魔のような組み合わせから生まれたこの生き物については、さまざまな恐ろしい話も伝えられている。たとえば、9世紀にローマに大損害を引き起こしたペストの原因とされ、1202年には井戸に隠れていた1匹のバシリスクがウィーンに伝染病をもたらした。1474年には、スイスのバーゼルで驚くことに1匹の雄鶏が卵を産んだという。その雄鶏は大勢の人々が見守るなかで生きたまま火刑に処され、孵化する前の卵も焼き殺された。

　一方で、バシリスクの存在が疑わしいと思っている人たちもいる。臭いをかいだだけで死に至るのであれば、どうやって咬まれるほど近づけるというのか？　1579年にはピエール・アンドレ・マッティオーリが「ひと目見ただけで死ぬのなら、その姿を目撃して観察した人は、どうやって命を落とさずに記録を残せたというのか？　これほど小さな生き物を近寄らずに観察することはできないではないか」と力説した。さらにまったくの空想の産物だと主張する人も現れた。17世紀、フランスのカストルに住む医師ピエール・ボレルは、ひとりのイタリア人がバシリスクや空飛ぶドラゴンを製作し、学者や美術館に売って大儲けをしていると語っている。当時のヨーロッパでは「驚異の部屋」と呼ばれるさまざまな珍品陳列室がつくられ、このイタリア人の陳列室には、実物ではなく見事な職人技が光るバシリスクが展示されていたという。こうして、バシリスクもドラゴンと同じように動物学のリストから姿を消そうとしていたのだ！

バシリスクの変態

誕生

7歳の雄鶏が産んだ
卵をヒキガエルが
温めると誕生する。

バシリスク
（標準種）

双頭のバシリスク
（稀少種）

卵

孵化の直前

足が
生えはじめた
幼体

バシリスク

(*Basilicus rex*)
（ヨーロッパ）

昆虫や小さな哺乳類を
ひと目見ただけで
石にして食べる。

ほぼ
完成形の
状態

超自然史図版
絵：カミーユ・ランヴェルサッド
幻獣研究家

成体 年齢とともに足の数が増える。

デロール（パリ7区、バック通り46番地）

LES DRAGONS DES VILLES

街中のドラゴン

中世の街中では、いたるところにドラゴンの姿があった。教会、街の紋章、宿屋の看板……。当時は誰もがドラゴンの存在を信じて疑わず、「巨大な蛇の胴体が年月を経て縮み、翼が生えた」生き物として広く知られていた。その姿はどんどん巨大になり、やがて人間に害をなす邪悪な敵となった。農作物を全滅させ、農民を無残に殺す悪魔の化身ドラゴンは、巣がある「岩」の洞窟、「水」を飲む川、口から吐く有毒な「炎」、災いから災いへと飛ぶ「空」という4つの要素の主でもあった。その制御不能な力は、地震、洪水、火事、噴火といった人間を襲う自然の脅威の象徴でもあった。

鋭い目を光らせ、巨万の財宝、
山と積まれた金塊、
若い娘を狙う。

そのころにはすでに、街はドラゴンの場所ではなかった。人間が街を支配し、自然の脅威は城壁の外へと追いやられていたからだ。ドラゴンは昔から、恐怖をまき散らそうと街に入ってきては勇者に追われている。有名な聖ゲオルギウスや大天使ミカエルをはじめ、数えきれないほどの英雄たちがヨーロッパ各地でドラゴンを退治してきた。司教や騎士、ときには弱々しい娘までもがこの偉業を果たし、聖人として認められている。

グラウリーと呼ばれるドラゴンは、3世紀にフランス北東部の街メスの初代司教クレマンによって退治された。その名は、ドイツ語で「悪臭を放つ恐ろしい怪物」を意味する「gräulich」から来ている。また、7世紀のルーアンでは、司教ロマンが1人の死刑囚を引き連れてガーゴイル退治に向かう。2人は洞窟に立てこもっていた怪物を見つけ、司教のストラ（聖職者が肩から垂らす帯状の祭服）で縛った。そして、街中まで連れて行き、大勢の人々の目の前で焼き殺した。この怪物退治を記念して、ルーアンの教会では毎年1人の罪人に恩赦が与えられるようになる。この制度は1791年に廃止されるまで実際に続いた。

ほかにも、ポワティエのグラングエル、カバイヨンのクロブル、トロワのシェール・サレ、ランスのグラン・バヤ（またはクロラ）、ジュラ山脈のヴイーヴル（またはギーヴル）、さらにはパリ、ル・マン、ヴァンドーム、マルセイユ、ドール、ヴァンヌ、アルルなど多くの街で名前のないドラゴンの伝説が残されている。怪物退治を記念して、毎年どの街でもドラゴンを引き連れた行列が見られた。メスでは、つながれたドラゴンがいつでも満腹でいられるように餌が与えられたという。こうした行事には、社会と宗教が悪に勝利したことを祝う意味があった。そして教会にとってドラゴンの死は、自然界の異教の神々を排除し、つねに信仰を脅かしてくる異端派をわずかのあいだでも退けたことを表していた。

ドラゴンには、勇気と用心深さを兼ね備えた怪物という一面もある。鋭い目を光らせ、巨万の財宝、山と積まれた金塊、若い娘を狙うのだ。おそらくこの特徴から、退治した聖人ではなく、ドラゴンの姿が街の紋章に描かれることがある。ベルジュラック、ドラギニャン、ドラシー、モンドラゴン……。なかには街の名前がドラゴンに由来していることもある。この伝説は今も生きつづけており、2003年、城塞都市のセルドン＝デュ＝ロワレでは、住民投票によって翼の生えたドラゴンが街の紋章に選ばれた。その紋章には、街の要塞の向こうから姿を現した赤い鱗のドラゴンが描かれている。

爬虫類、ドラゴン（飛行型）

ドラギニャンのドラク
(*Microdraco occitanus*)
（ヨーロッパ）

ジュラのギーヴル
(*Microdraco volans*)
（ヨーロッパ）

ポワティエのグラングエル
(*Megagulo aquitanus*)
（ヨーロッパ）

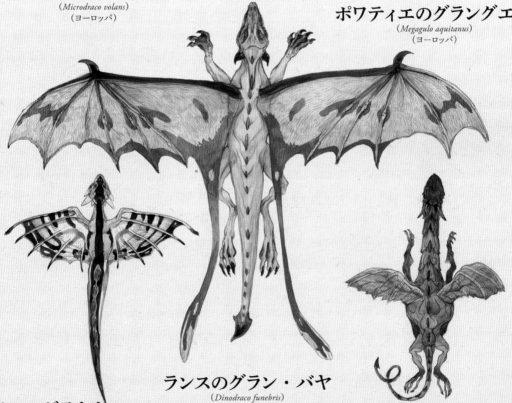

メスのグラウリー
(*Draco calamitosus*)
（ヨーロッパ）

ランスのグラン・バヤ
(*Dinodraco funebris*)
（ヨーロッパ）

ルーアンのガーゴイル
(*Megagulo nors*)
（ヨーロッパ）

デロール（パリ7区、バック通り46番地）

LE DRAGON CHINOIS

中国のドラゴン（竜）

中国の竜は、麒麟（40ページ）、鳳凰、亀とともに、世界の始まりに立ち会った4つの動物に数えられている。鱗のある多くの動物、魚、爬虫類たちの起源でもある。中国での最古の記述は紀元前6000年にさかのぼる。伝統的には「角はシカ、頭はラクダ、目は悪魔、首は蛇、腹は貝殻（または海の怪物）、鱗は鯉、足はトラ、鉤爪はワシ、耳は牛」という姿。そこにナマズのひげを描き加え、金色に塗れば完成する。角のあるものは「虬竜」、角のないものは「螭竜」と呼ばれる。黒や白、黄、赤色の竜もいれば、空を飛ぶ竜や海に棲む竜もいるが、すぐに姿が変わるため分類は難しい。蚕のように小さくなることもあれば、その渦巻く体で世界を覆うこともできる。冬になると小さな蛇となって地中に姿を隠す。

蚕のように小さくなることもあれば、
その渦巻く体で
世界を覆うこともできる。

この変態は、竜の能力のほんの一部だ。竜は生命とエネルギーを表し、あらゆる自然界の力を象徴している。鱗のある体や蛇のような姿は、見た目にこそ西洋のドラゴンと少し似ているが、東洋ではありがたい生き物として崇められている。作物に恵みをもたらす雨の象徴でもあり、春の祭りでは、人々は竜のうねりを真似た踊りで雨ごいをする。また、交尾にも似た竜同士の戦いも同じような恵みがあると考えられ、「ドラゴンボート」という競技も生まれた。竜は雲や雷雨と一体となり、制御不能の存在となる。穏やかな水の象徴でもある竜が大洪水を引き起こすこともある。

竜は勇敢で忍耐強く、さまざまな困難を知性と勇気で乗り越える。この力があれば、どんな生き物でも竜になれるのだ！　鯉、チョウザメなど産卵期に川をさかのぼる魚は、「竜門」と呼ばれる急流を登りきることができたら、その報いとして竜に変身するという。ここから「登竜門」という言葉が生まれ、この関門をくぐった者は、国家試験に合格し高級官僚への道を歩きはじめるといわれた。また、竜は何世紀にもわたって皇帝の象徴であり、現在は中国そのものを表している。かつての支配者は竜とともに暮らし、その上に乗って移動していた。竜の数が減ってしまったのも、おそらくそれほどの権力をもった人物がいなくなったからだろう。

台湾では、占星術を信じる人たちにとっては、誕生日だけでなく誕生年も大きな意味をもつ。十二支の「辰年」にあたる1976年、1988年、2000年、2012年は出生数が大幅に増加した。その年に子どもが誕生するよう、夫婦がしっかりと計画を立てていたからだ。辰年に生まれた男の子と女の子は、中国の占星術において最も力とご利益のあるドラゴンの恩恵を受けることになる。

超自然史学図版
カミーユ・ランヴェルサッド
幻獣研究家

鱗

脊椎

背骨

尾ビレ

シカのような角

眼窩
がんか

117枚の鱗に
覆われた蛇
のような胴体

背ビレ

提灯型の卵の袋

顎ひげ

鉤爪の数
鉤爪の数が多いほど力が強く、国の高
官に仕えていることを表す。皇帝は5つ
の鉤爪をもつ黄色い竜を飼う。

鋭い爪

長いひげの触覚

SQUELETTE DE DRAGON
ドラゴンの骨格 (*Draco sinensis*)（アジア）

驚異の部屋「ミラビリエ」、デロール（パリ7区、バック通り46番地）

LE MOKELE MBEMBE

モケーレ・ムベンベ

動物園の園長カール・ハーゲンベックは、1909年に発表した自伝『動物と人間［Hommes et bêtes］』で、コンゴのリクアラ地方に潜む謎の巨大生物について書いている。「広大な湿地の奥に半象半竜の巨大な怪物がいる」。その説明によると「ブロントサウルスに似た恐竜の一種」だという！

ハーゲンベックは20世紀に新たなタイプの動物園をつくった人物だ。ハンブルクにあったその動物園では、動物はせまい檻に閉じ込められることなく、広大な敷地のなかで暮らしていた。園内には、ありのままの自然を思わせる洞窟や湿地がしつらえてあった。さらに彼は、アフリカを縦横に駆けまわり、そこで捕えた動物を世界中の動物園やサーカスに売っていた。動物学者によって発見されたばかりのオカピなど、新種の紹介にも熱心だった。西洋人から見れば、世界にはま

フライエール・フォン・シュタイン大尉が「川の流れをせき止めるもの」を意味する「モケーレ・ムベンベ」が存在する可能性を報告した。

だまだ未踏の地が広がっていた。恐竜に強い関心が向けられたこの時代、誰もが先史時代の子孫ともいえる動物の発見を夢見ていた。その後まもなくコナン・ドイルの『失われた世界』が発表される。アマゾンの奥地で学者たちがジュラ紀の生き残りを発見する物語だ。

とはいえ、初めてその謎の巨大動物について語ったのはハーゲンベックではない。1776年のプロイヤール神父の話によると、リクアラ地方の川沿いで布教活動をしていた宣教師が怪物のような動物の足跡を発見したという。「地面には鉤爪の跡があり、足跡の円周は約90センチメート

ル」、その歩幅は2メートルを超えるだろうと推測した。その後ハーゲンベックがこの謎の巨大動物を追う探検隊を結成したが、熱病と自然の猛威にやられ、何の収穫もないまま帰国した。「何も見つからなかった。どこにも手がかりがなかった」と語っている。1913年、フライエール・フォン・シュタイン大尉が「川の流れをせき止めるもの」を意味する「モケーレ・ムベンベ」という象のように大きな動物が存在する可能性を報告する。そこからその謎の動物は「モケーレ・ムベンベ」と呼ばれるようになる。1920年、スミソニアン協会が探検隊を派遣したが、恐竜の研究者たちを乗せた列車が脱線したのを機に探検は打ち切られた。

モケーレ・ムベンベは未確認動物学の研究者を夢中にさせるだけでなく、人類と恐竜が同時代を生きていたと唱えるアメリカ人の一派からも注目されている。彼らは進化論を否定し、さらに地球の歴史はわずか6000年で、洪水が起きる前は恐竜と人間が共存していたと考えている。そんな彼らにとって、今も地球上に恐竜がいたら都合がいいのだろう。科学的観点からすれば、恐竜が生き残っていたとしても彼らの説を証明することにはならないが。探検家たちがどんなに心血を注いでも、車がパンクしたり、フィルムが足りなかったり、病気に襲われたりといつも何かしらの問題が立ちはだかる。残っているのはぼやけた写真や本当かどうか確かめようのない話ばかり……。そのうち、成功の見込みのない調査には予算がつかなくなる。だがそれでも、間接的ではあれ、研究所には恐竜を思わせる種についてさまざまな報告があがってくる。ングブやエメラ・ントゥカ（角竜類か？）、ムビエル・ムビエル・ムビエル（ステゴサウルスか？）、チペクウェ、ングマ・モネネ、ンサンガ、ンヤマ……。いずれもコンゴ北部の湿地帯に生息すると考えられているが、残念ながら足跡も排泄物も骨も見つかっていない。

爬虫類、トカゲ目

モケーレ・ムベンベはアフリカ最大のトカゲの一種である。草食でマロンボと呼ばれる果物が主食。現地では歯型のついたマロンボがたくさん発見されている。邪魔が入ると攻撃的になるため、リクアラ地方の住民から恐れられている。怒ったモケーレ・ムベンベを誰も止めることはできない。

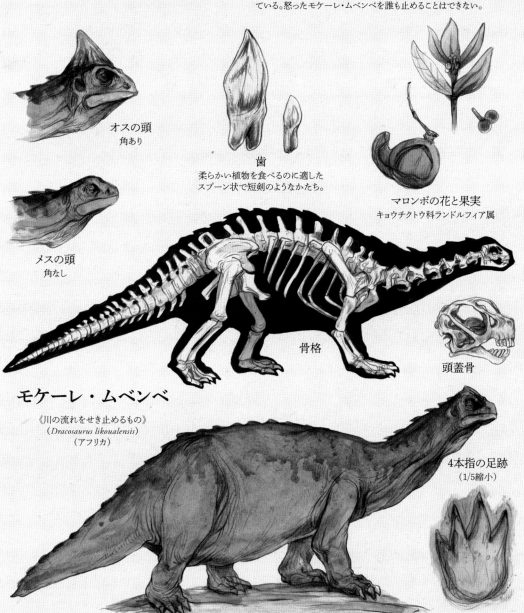

オスの頭
角あり

歯
柔らかい植物を食べるのに適した
スプーン状で短剣のようなかたち。

マロンボの花と果実
キョウチクトウ科ランドルフィア属

メスの頭
角なし

骨格

頭蓋骨

モケーレ・ムベンベ

《川の流れをせき止めるもの》
(*Dracosaurus likoualensis*)
(アフリカ)

4本指の足跡
(1/5縮小)

L'AMPHISBÈNE

アンフィスバエナ

　　ア　ンフィスバエナには「両方向に歩くもの」というあだ名がある。この生物は、爬虫類にしてはめずらしく後ずさりができるのだ。とはいえ、このあだ名は少し大げさだ。足は生えておらず、歩くというよりは地を這って移動するが、なかには体を支え切れないほど小さな2本の足をもつアンフィスバエナもいる。前に進むといっても、どちらが前なのか後ろなのか見分けはつかない。なぜなら胴体はほぼ円柱状で、尾に向かって少し細くなっているだけだからだ。目はとても小さく、見えていないのではないかとも考えられている。

たとえ死体であっても、妊婦がうっかりその体をまたぐと流産してしまう。

　　この特異な姿と2方向への動きから、アンフィスバエナは長いあいだ2つの頭をもつ生き物だと考えられてきた。片方の頭が寝ているあいだ、もう片方の頭は起きている。つまり、つねに活動しつづけられるというのだ。口も両方の頭にひとつずつあり、どちらからも毒を出すことができる。猛毒をもつ謎の生物としては、ひとつの口では不十分なのだろう。どちらの口から攻撃してくるかわからないため、リスクは2倍だ。そのうえ、体中に毒が満ちているので、口だけでなく胴体からも毒を発するという。たとえ死体であっても、妊婦がうっかりアンフィスバエナの体をまたぐと流産してしまう。1579年、医師のピエール・アンドレ・マッティオーリは、7つの頭をもつヒュドラのようにアンフィスバエナも架空の動物だと述べている。「卵を産む蛇は、自然の意に反して怪物を誕生させる可能性がある。雌鶏はときどき黄身が2つある卵を産み、そこからは4枚の羽と4本の手足をもった鶏が生まれる。また、2つの頭をもつトカゲもい

る。しかし、だからといって2つの頭をもつ蛇がいる証拠にはならない」

　　アンフィスバエナにはほかにも面白い特徴がある。体を切断されても、くっついて再生できるのだ。アンフィスバエナを殺すのは不可能だといえよう。両端を2本の遠く離れた木に結びつけても無駄だ。長時間日光を浴びて干からびた体は、バラバラになって地面に落ちる。そこから空気中の熱と湿気を吸い、散り散りとなった体が次第に集まって、最後にはひとつになる。この特徴から、アンフィスバエナを乾燥させた粉末は骨折に効くといわれていた。

　　実際にはアフリカや南アメリカを中心にアンフィスバエナと名づけられた約100種のミミズトカゲが存在する。そのピンクがかった灰色の体が20センチメートルを超えることはまずない。スペインのアンフィスバエナは大きなミミズのような姿で、蛇というよりトカゲに近い爬虫類だ。毒はもたないが咬む力がとても強く、ブラジルでは一度咬むと雷が鳴るまで離さないといわれる。プエルトリコでは今でも「双頭の蛇」と呼ばれ、妊娠した女性の守り神となっている。チリには体長2メートルの翼が生えたアンフィスバエナがいるという。アマゾンでは、アリの巣に棲んでいることから「アリの王」として知られ、地下道を自由に行き来すると考えられている。目が見えず自分で獲物を捕まえられないため、小さなアリが食べ物を運ぶという。アンフィスバエナの伝説は、動物学者がミミズトカゲを発見した後もなお語り継がれているのだ!

REPTILES-SERPENTS (BICÉPHALES)

爬虫類、蛇（双頭）

アンフィスバエナは尾の先に第2の頭をもつ双頭の動物のように見える。だが、目は偽物で、2つ目の口も開くことはない！　敵を惑わすための姿である。

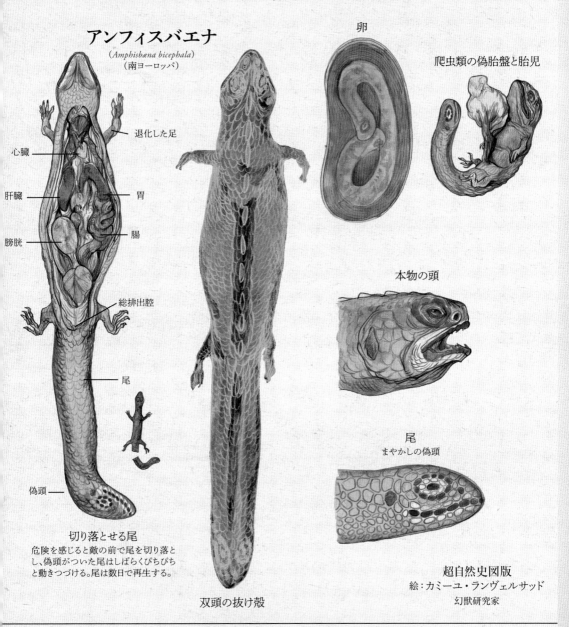

アンフィスバエナ
(Amphisbæna bicephala)
（南ヨーロッパ）

卵

爬虫類の偽胎盤と胎児

退化した足

心臓

肝臓

膀胱

胃

腸

総排出腔

尾

本物の頭

偽頭

尾
まやかしの偽頭

切り落とせる尾
危険を感じると敵の前で尾を切り落とし、偽頭がついた尾はしばらくぴちぴちと動きつづける。尾は数日で再生する。

双頭の抜け殻

超自然史図版
絵：カミーユ・ランヴェルサッド

幻獣研究家

デロール（パリ7区、バック通り46番地）

LES SERPENTS DE LIBYE

リビアの蛇

ヨ ーロッパでは蛇は悪者とされているが、そのきっかけは聖書にある。アダムとイヴは蛇にそそのかされて禁断の果実を食べ、楽園を追放される。そこからさまざまな不幸が人間の身にふりかかった。動物学的には、蛇は森で暮らす小さなサルたちの天敵だ。森のなかではいつ猛毒のアフリカツルヘビに咬まれても、ニシキヘビに絞め殺されてもおかしくはない。人間がまだ森で暮らす霊長類の一種にすぎなかったころ、私たちの遠い祖先もその恐怖を味わっていたはずだ。サルが蛇を恐れるように、人間も蛇に恐れを抱いていたのかもしれない。

「渇かせ屋」に咬まれた人間は、
激しい喉の渇きに耐えきれず、
自らの血管を引きちぎって
自分の血を飲もうとする。

そのことが原因かはわからないが、蛇は古代の書物に数多く登場する。カエサルとポンペイウスの対決を記した戦史『内乱―パルサリア』のなかで、著者ルーカーヌスはサハラ砂漠に棲むさまざまな蛇について多くのページを割いている。「なぜリビアの地には致死性の猛毒をもつ蛇があふれているのだろう？　自然界における何かの兆しなのだろうか？」。つねに蛇の危険と隣り合わせで砂漠を進むローマ軍にとって、その詳細な記述が必要なものだったのだろう。

ヤクルス(jaculus)は空飛ぶ蛇で、槍(javelot)のように獲物に向かって飛ぶ姿からこの名がつけられた。獲物を咬み殺すのではなく、矢のように相手の体を貫通する。この空を飛ぶ性質から、やがて一対の翼をもつ姿で描かれるようになる。さらに、枝にとまっている姿から、鳥のような2本の足も加えられた。そして中世になると、ヤク

ルスはドラゴンへと変身を遂げるのだ！　博物学者のリンネは、とある無害な小さな蛇になぜかこの生きた矢のように恐ろしいヤクルスの名を与え「Eryx jaculus」（ヤハズスナボア）と命名した。

リビアに棲むその他の蛇は、獲物をしとめる方法によって分類されている。アンブロワーズ・パレはヘモロイヘビに「流血ヘビ」というあだ名をつけた。咬まれると「鼻、口、耳、尻、陰茎、外陰部、目じり、歯茎から出血する」という。セプスは「腐らせ屋」と呼ばれ、触られた獲物はすぐに腐ってしまう。「あらゆる蛇のなかで最も残酷で、その毒が血管に入った途端、肉は太陽の光を浴びた雪や鑞のように溶け、骨がむき出しになる。毒がまわった骨は砕けて塵となり、獲物は跡形もなく消えてしまう」。セプスには豚のようなくるりと巻いた特徴的な尾がある。

さらにそれよりも凶暴な蛇がいる。「燃やし屋」ことプレステールだ。ルーカーヌスはこの蛇に咬まれた哀れな軍人ナシディウスの運命を記している。「灼熱の青銅の上に垂らされた水のように血はわき上がり、顔は火のようにほてり、体は膨らみ、肌はひき伸ばされ、まるで怪物のようなかたまりとなる。戦友たちはどんどん膨らむその醜いかたまりに近寄ることも、ましてや埋葬することもできず、腹をすかせた鳥や動物のえじきとしてその場に残していくしかない。ところが鳥さえも近づこうとはせず、そのかたまりを食べた獰猛な動物さえも即死する」。ほかにも、キュヴィエは「渇かせ屋」と呼ばれる蛇について語っている（おそらくディプサのことだろう）。この蛇に咬まれた人間は、激しい喉の渇きに耐えきれず、自らの血管を引きちぎって自分の血を飲もうとするという。残念ながら、旅人が凶暴な蛇たちから身を守る方法はどこにも書かれていない。

REPTILES-SERPENTS (NUISIBLES)

爬虫類、蛇（有毒）

あらゆる蛇のなかで、最も危険なのはリビアに生息する蛇である。
猛毒で命を落とした兵士や探検家は数知れない。

外鼻孔

嗅覚をもった角

毒牙をあやつる筋肉

毒を流す管を
もつ毒牙

先の分かれた舌

神経ガスの袋

気管

ヘモロイヘビ

別名：流血ヘビ
（*Aimorrhus sanguinarius*）
2列の毒牙をもつ。毒は抗凝血性で、
獲物は出血で死亡する。

セプス

別名：腐らせ屋
（*Sepus putrefactus*）
毒で獲物をミイラにして保存する。

威嚇用の
えり首

ヤクルス

別名：空飛ぶヘビ
（*Eryx volans*）
滑空する様子は独特である。と
まっていた枝を後ろ足で蹴って
前に飛ぶ。椎骨を開いて横に広
げた2枚の膜で飛び、槍のように
獲物をしとめる。

休憩中の椎骨

セプスの毒で
ミイラ化した動物

飛行中の椎骨

BÊTES
QUADRUPÈDES
四本足の動物

LA LICORNE

ユニコーン（一角獣）

中世の博物学者たちのあいだでは、ユニコーンの姿についての見解は「額に長い角をもつ」という点ではほとんど一致していたが、それ以外の特徴についてはさまざまな意見があった。イイズナのような毛色をした子ヤギ、ネイビーブルーのグレーハウンド、ひづめの割れた雌ジカ、あるいはエレガントな白馬……。だが、姿は違っていても、鋭い角で象の皮膚をも突き刺す凶暴な動物であることには変わりなかった。あまりに気性が荒く、狩人は近づくことさえできない。ただし、唯一の弱点を餌にすれば捕まえることができる。この生物は、若い娘の誘惑に弱いのだ。

**唯一の弱点を餌にすれば
捕まえることができる。この生物は、
若い娘の誘惑に弱いのだ。**

7世紀にフィリップ・ド・タオンが書いたユニコーンの動物寓話は古代の物語がもとになっている。「ユニコーンを狩ったり、捕らえたり、だましたりしたいときは、森にある巣に行くとよい。胸の膨らみはじめたばかりの処女を巣の前に連れていくと、ユニコーンはその匂いをかぎつけて姿を現す。そして娘の胸に口づけをし、死んだように眠りにつくのだ。こっそりあとをつけてきた狩人は、寝ているユニコーンを殺すことも、生きたまま捕らえることもできる」。これは伝説でも遠い過去に起こった出来事でもなく、狩りの手法を紹介した文章だった。

ユニコーンは「純潔の香り」に誘われ、その身を捧げる。一方で、凶暴な内面が突然姿を現すこともある。その娘が純潔ではないとわかればすぐさま殺し、こっそりあとをつけてきた男たちも角で突き殺すのだ。中世においてそれぞれの動物が意味をもったように、ユニコーンも神からのメッセージを表す存在だった。ルネサンス期に入ると、ユニコーンをだまして捕らえようという考えは消え、キリスト教的な2つのイメージが登場する。ひとつは若い娘に向けられた角。その角は聖霊による処女マリアの受胎を表し「受胎告知」の象徴となった。もうひとつはユニコーンの死。わき腹を槍で突かれたユニコーンは、ローマの兵士から傷を負わされ十字架にかけられたキリストの受難を思わせた。さらには、若い娘に宿っていた純潔さをも象徴する存在へと変わっていく。現在のイメージに通じる白く優雅で清らかな姿が定着したのはちょうどそのころだ。

ユニコーンが神聖な動物になるにつれ、その荒々しさは次第に失われていった。もともと曖昧な存在だったため、ひとつの寓話がいろいろな意味に解釈されていく。若い娘の誘惑に駆られるのは色欲の表れだとして、突き出した角が男根と同一視されることもあった。レオナルド・ダ・ヴィンチは、性癖を抑えられない節度のない動物としてユニコーンを描いた。一方で、娘の足元で眠りにつく姿は、胸に秘める激しい気性が抑えられている証だとして、宮廷風恋愛を象徴する存在にもなった。これまではただの哀れな獲物だった若い娘が、物語のなかでより重要な役割を果たすようになる。中世の哲学者リシャール・ド・フルニヴァルは、愛する人の優しさの前にひれ伏す男の心情をユニコーンになぞらえて表現した。「こうやって愛は私を痛めつける。思いあがった私には、これほど我がものにしたいと強く願う女性はあなた以外にはいない。愛は私を惑わす狩人だ。道中に清き娘を置き、その優しさで私を眠りに誘う。そして愛は失われ、私は生きた心地さえしないのだ。あまりに残酷な絶望ではないか」

MAMMIFÈRES (UNICORNES)
哺乳類（一角獣）

西洋のユニコーンは、一角獣の哺乳類に分類される。額の角が特徴的な四足動物である。

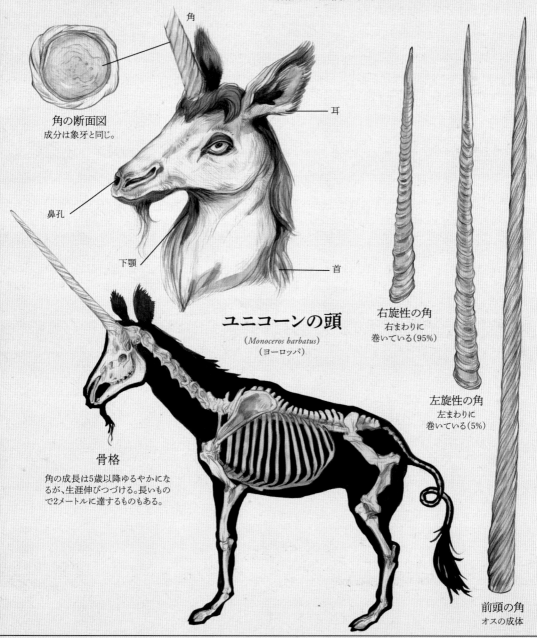

角

角の断面図
成分は象牙と同じ。

耳

鼻孔

下顎

首

ユニコーンの頭
(*Monoceros barbatus*)
（ヨーロッパ）

右旋性の角
右まわりに
巻いている(95%)

左旋性の角
左まわりに
巻いている(5%)

骨格
角の成長は5歳以降ゆるやかになるが、生涯伸びつづける。長いもので2メートルに達するものもある。

前頭の角
オスの成体

LES LICORNES DU MONDE

世界のユニコーン

何世紀にもわたって、旅人たちは遠い東洋からユニコーンの話を持ち帰ってきた。話によって姿はさまざま。馬の足をもつ雄牛、シカの頭をもつ仔馬、牛の尻尾をもつ小さな象、顎ひげをたくわえたドラゴンのこともあれば、ライオンの足と蛇のような鱗のある体をもつこともあった。角の色は黒、緋色、ルバーブの茎のような赤、象牙より白いこともあった。薬局や珍品陳列室で飾られていたユニコーンの角は多種多様だった。

海の一角獣イッカクが発見されると、ユニコーンの角の粉末の市場価値は一気に下がった。

ユニコーンの角は、人間が自然から授かったよく効く薬だと考えられていた。あらゆる毒の解毒剤として、中世では香辛料や金よりも高価で取引されたという。数が少なく貴重なため、手にすることができたのは王や裕福な司教だけだった。博物学者は古代の記述や航海者たちの物語をもとにユニコーンの分類を試み、そのリストのおかげで角の起源やその効力について理解が深まっていった。

プリニウスは、一角獣のことを「肘から中指までの2倍の長さ（約1メートル）の黒い1本の角が頭にそびえ立っている」と記した。だが、この「インドで最も荒々しい動物」は単なるサイだったのではないか？　同じようにマルコ・ポーロが記したインドの一角獣は「水牛のような肌、オリファント（象牙の角笛）のような足」をもち、重そうな頭には1本の角が生え、いつも下を向いているという。これは娘の前で眠ってしまう中世のエレガントなユニコーンというより、地味でどっしりとした体形からサイを思わせる。さらに「インドロバ」と呼ばれた動物も思い浮かぶ。体は馬、毛並みは赤

く、その1本の角はユニコーンの角と同じようによく効く解毒剤だといわれていた。これらの記述はすべてサイのことなのだろうか？　それとも本物のユニコーンだったのだろうか？　中央アジアでもユニコーン伝説が語り継がれていたが、その内容は当時のヨーロッパではあまり知られていなかった。「インドリク」あるいは「インログ」と呼ばれるそのユニコーンは、歩くと地が揺れるほど巨大でありながら、雲の上を飛ぶこともできたという。1916年、アラル海沿いで古生物学者のアレクセイ・ボリシアックが新種の化石を発掘し、その名をインドリクにちなんで、「インドリコテリウム」と命名した。その動物の重さは象4頭分だと考えられ、人類が誕生するよりはるか昔、3000万年前に生息していたという。また、私たちに似た人類の祖先は、今から何千年も前に巨大なサイの一種であるエラスモテリウムを目撃していた可能性がある。エラスモテリウムの大きさはマンモス程度で、角の長さは2メートルに達していたと推測される。この巨大な一角獣が大地を揺らしたことは間違いないが、空を飛ぶことはなかった。

1557年、地理学者のアンドレ・テヴェは、ブラジルに棲むバイコーン（二角獣）であるピラスピについて触れている。その数年後には、アンブロワーズ・パレが、ピラスピはアラビア半島に生息し、オリックス属の動物と非常に似ていると記した。その長くすらりとしたらせん状の角はユニコーンの骨として売られることもあったという。ほかにもアンドレ・テヴェが紹介したユニコーンには、マルク諸島に生息するカンフールがいる。大きさは雌ジカぐらい。頭には1本の角。このユニコーンの最大の特徴は、後ろ足にガチョウのような水かきがあり、自由自在に泳げることだ。もし海にも一角獣が存在するとしたら、その動物は魚を食べるのだろうか？　そう考えると、角を生やしたイッカクの姿が目に浮かぶだろう。海の一角獣イッカクが発見されると、ユニコーンの角の粉末の市場価値は一気に下がった。海のユニコーンが、地上に棲むたくさんのユニコーンたちの代わりとなっていったのだ！

MAMMIFÈRES (UNICORNES)

哺乳類（一角獣）

カンフール
（*Hydroceros palmatus*）
（インドネシア）

ミャンマーのユニコーン
（*Monoceros birmanicus*）
（東南アジア）

インドのユニコーン
（*Hippoceras indicus*）
（インド）

インドリク
（*Indirikus ferox*）
（中央アジア）

ピラスピ
（*Diceros thevetii*）
（アラビア）

驚異の部屋「ミラビリエ」、デロール（パリ7区、バック通り46番地）

LE QILIN

麒麟

中国では顔徴在が出産の直前に麒麟の姿を目にしたといわれている。このとき、この聡明な中国の一角獣である麒麟から渡された翡翠の上には、これから生まれる赤子は王位がなくとも王の力を持つことになるだろう、と記されていた。このとき生まれた子どもがのちの孔子である。

イエズス会修道士のジャン＝バティスト・デュ・アルドは1735年に発行された『中国記［*Description de la Chine*］』で、「麒麟にはさまざまな動物の要素が組み合わさっている。大きさと首周りは牛ぐらい。胴体は硬く大きな鱗に覆われている。額の中心には1本の角があり、目や口ひげは中国の竜に似ている」と記した。「四不象」の名でも知られ、これは「何にも似ていない」「4つの動物のどれでもない」という意味だ。2本の角が描かれることもあり、一角獣であることが欠かせないわけではなかった。

もしれない。

15世紀、アフリカ探検から帰国した鄭和は、中国では誰も見たことのなかったキリンを持ち帰った。その姿は伝説の麒麟に似ていたという。日本ではこの斑点のある動物を「キリン」と名づけたが、伝説上の麒麟とは明らかに違う。2012年には、北朝鮮の歴史研究所の考古学者が、紀元前1世紀に高句麗の東明聖王が乗っていたとされる麒麟の巣を平壌近郊で発見したと発表した。これには高句麗の首都が平壌にあったという説をより確かにする狙いがあった。麒麟がめずらしくもない存在だったころのことだ。そのころ、麒麟が現れると国の平和が保たれる良い兆しだと考えられていた。

孔子はある日、1頭の麒麟が捕らえられたことを知る。その姿を見た孔子は、母が麒麟の角に巻いておいた紐の存在に気がつき、まもなく自分に死が訪れることを悟った。それがこの世に現れた最後の麒麟だった。その後麒麟が姿を消したのは、太平の世がもう望めないからだろう。

性格はとても温和。
足元の虫や草を踏まないように
そっと歩く。

中国、韓国、日本の人々にとって、麒麟は賢さと調和の化身だ。性格はとても温和。足元の虫や草を踏まないようにそっと歩き、鳴き声は美しい調べのよう。また、正義の象徴でもあり、角の力で罪のない者と罪人とを選り分けることができる。悪に対しては揺るぎない態度で立ち向かい、激しい鳴き声をあげて火を吹く。このような伝説から、中国ではまっとうな道から外れた自覚のある人は、家に麒麟の像を置かないという。古代中国では麒麟、龍、鳳凰、亀は四霊獣と呼ばれ、今でも縁起のよい獣とされている。オスを意味する「麒」、メスを意味する「麟」という名前の成り立ちも、穏やかなイメージにつながっているのか

MAMMIFÈRES (UNICORNES)

哺乳類（一角獣）

麒麟はアジアのユニコーンである。哺乳類だが鱗に覆われ、長いひげの触覚はドラゴンを思わせる。角の数はさまざまで、2本の角をもつ麒麟もめずらしくはない。

麒麟の年齢
角の太さ、筋の形状、長さから年齢を推定することもある。

120歳の麒麟の角
縦断面

鱗
角や毛と同じように成分はケラチン。

中国の麒麟
（*Lepidodiceros sinensis*）
（アジア）
中国では非常にめずらしい動物であることから、伝説の動物として崇められている。亜種の日本の麒麟は絶滅したと考えられている。

頭蓋骨
（日本）
1/2縮小

角

鼓室

ひげの穴

臼歯

切歯

驚異の部屋「ミラビリエ」、デロール（パリ7区、バック通り46番地）

LA MANTICORE

マンティコア

紀元前4世紀にギリシアの医師クテシアスが書いた『インド誌』のなかに、マンティコア、ユニコーン、ヒヒ、犬の頭をもつ人間についての記述がある。彼は、ペルシアで王に献上されるマンティコアを自身の目で見たと断言している。「インドに棲む気性の荒い動物で、大型のライオンよりも大きく、色は鮮やかな赤、犬のような厚い毛に覆われている」。ライオンのような足をもち、走るとどんな動物でも追いつくことはできない。頭は動物というよりは人間のそれに近く、歯は3列に並ぶ。鳴き声は「トランペットのようなけたたましさ」、尾にはサソリに似た毒針がある。さらにその周りに突き出す約90センチメートルのとげを飛ばし、30メートル先の敵を攻撃することができる。その毒は、象以外のあらゆる動物を死に至らしめる。しとめた獲物を食べるが、特に人間の肉を好む。「マンティコア(martichoras)」の名はペルシア語の「人食い(mard-khor)」に由来している。

尾の周りに突き出す約90センチメートルのとげを飛ばし、30メートル先の敵を攻撃することができる。

クテシアスの説明によると、人間は象の上から弓を射てマンティコアをしとめるという。こうして人間に狩られる姿はトラのイメージとも重なるが、伝説で描かれるマンティコアの顔や模様はトラとはまったく違う。多くの動物寓話が、何世紀にもわたってその信憑性を問われることなく受け継がれてきたのとは異なり、3世紀のピロストラトスは『テュアナのアポロニオス伝』で、アポロニオスがインドへ行った際に、ブラフマンのイアルシャにマンティコアについて尋ねたことを紹介している。しかし、この賢人の答えは期待外れのものだった。「この国のどの場所においても、狩人に矢を放つ獣の話など聞いたことがない」

中世になると、マンティコアは動物寓話のなかでクテシアスの著作の挿絵とともに紹介されるようになる。その絵のマンティコアは人間の頭をもつライオンの姿をしている。そこに登場する動物は道徳や宗教の教えを表す存在であり、マンティコアは怒りを象徴する。「インドの猛獣のなかでも特に凶暴なマンティコアは、復讐のために自分の手足を引き抜く。一心にあらゆるものを破壊し、その残骸のなかに自分の墓をつくる。これほど意志の強い動物はいないだろう」。この自己破滅的な生き物が絶滅を迎えたと聞いても驚きはしない。

実際にルネサンス期に入る前から、マンティコアは博物学者たちの書物から姿を消し、探検家から目撃されることもなくなった。それでもフローベールは『聖アントワーヌの誘惑』のなかでマンティコアをほんの少し復活させ、威厳にあふれ怒りに満ちた様子で語らせた。「俺の艶やかな真っ赤な毛は大砂漠のきらめきと混じり合う。鼻からは孤独の恐怖を吹き出し、口からはペストを吐き出す。砂漠に足を踏み入れた兵士はむさぼり食う。爪はらせん状に曲がり、歯はのこぎりのように鋭い。よじれた尻尾からたくさんの矢が突き出ていて、それを前後左右に飛ばせるのだ。ほら、見ろ!」

MAMMIFÈRES (Anthropomimes)

哺乳類（人間に似た）

マンティコアは人間のような顔をもつ。人の姿をした種のなかで最も巨大である。顔以外は
四足動物の姿をしている。毒針とたくさんの歯をもつ恐ろしい動物として知られる。

頭蓋骨と下顎
1/8縮小

頭蓋骨（下から見た図）

上顎

鋭い犬歯

下顎

3列の歯

切歯

使用する歯

代わりの歯

毒腺

中心針

中心溝

とげ

毒針
1/4縮小

インドのマンティコア
(*Martichorus furiosus*)
（アジア）

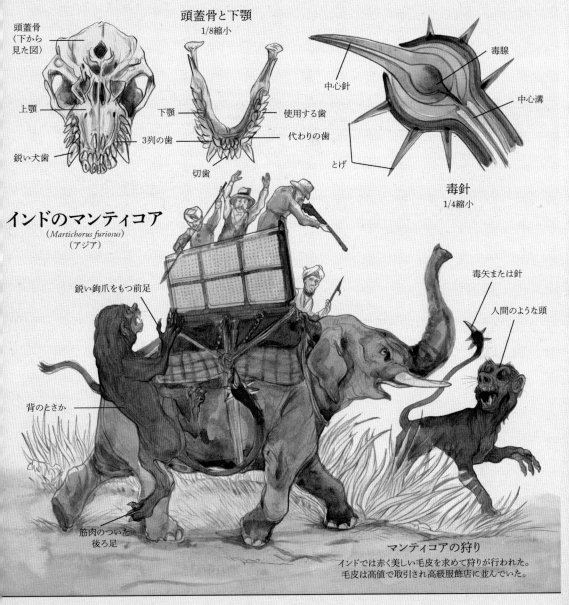

鋭い鉤爪をもつ前足

背のとさか

筋肉のついた
後ろ足

毒矢または針

人間のような頭

マンティコアの狩り
インドでは赤く美しい毛皮を求めて狩りが行われた。
毛皮は高値で取引され高級服飾店に並んでいた。

デロール（パリ7区、バック通り46番地）

LE SUCCARATH

スカラット

1555年、地理学者のアンドレ・テヴェは、ブラジルの植民地化を目的とした騎士ヴィルガニョンが率いる遠征に同行した。帰国してまもなく、『南極フランス異聞』を出版し、旅先で目にした人々や動植物、それも人から聞いた話を中心に紹介した。ただし、実際は病に倒れ、リオデジャネイロから一歩も外に出ることができなかったようだ。そこに記されたパタゴニアの情報も自分で目にしたものではないのだろう。彼によると、体の大きなパタゴニア人は厳しい天候から身を守るために「とても奇妙で魅惑的な獣の毛皮をまとっている」という。この動物が「ス」である。

狩人に子どもたちを捕らえられるぐらいなら自ら殺してしまうため、動物園でその姿を見ることはできない。

「ス」は川の近くで目撃され、小さな子どもたちを背中に乗せて運び、前方に曲がった尻尾で守っているという。先住民たちは落とし穴を枝で隠し、そこに追い込んで狩りをした。スは穴に落ちると激しく鳴き、背中の子どもたちを自ら殺すという。テヴェは、その描写と干からびた皮をもとに、画家のジャン・クザンに版画の制作を依頼する。そして、フロリダに生息する「スカラット」として名前や生息地の変更について何の説明もないまま紹介した。

1607年、イギリスの博物学者エドワード・トプセルはテヴェの文章を引用し、さらに「獰猛で飼いならすことはできず、怒りっぽく乱暴。攻撃的で残虐」とつけ加えた。狩人の姿を目にすると「うなり、吠え、鳴きわめく。あまりにも激しく恐ろしい声で鳴くため、狩人が不意を突かれるようなことはない」という。しかし、それ以上のことは謎に包まれていたようだ。1635年、こうした説明を疑わなかったスペインの博物学者フアン・ニエレンベルグ神父は、スカラットをライオンに似た動物と考え、耳までひげを生やした人間のような顔をつけ加えた。

だがそれでも、この動物が実在するかどうかは謎のままだった。1803年の『博物学新事典［le Nouveau dictionnaire d'histoire naturelle］』のなかで、博物学者のシャルル・ソニーニは「パタゴニアに生息する凶暴な四足動物。ニエレンベルグの記述やそれまで語られてきた特徴からはどの種に属するのか不明。どれも信じられないような話ばかりで、どう考えても『ス』は行き過ぎた想像とでっちあげの産物に思えてくる」と書いている。19世紀末、アルゼンチンの博物学者フロレンティーノ・アメギノは、忘れ去られていたこの動物に再び注目した。彼によると、先史時代に南米に生息していた巨大ナマケモノの子孫が小型化したものだという。

今日では、スカラットは未確認動物学の研究対象となっている。想定されるサイズはどんどん大きくなり、牛ぐらいだと主張する者もいる。女性の頭をした半虎半狼だという説もあれば、尻尾の先はヤシの木の葉に似ているという説もある。ラテンアメリカ南部の山に身を隠し、狩人に子どもたちを捕らえられるぐらいなら自ら殺してしまうため、動物園でその姿を見ることはできないという。

アンドレ・テヴェの書物を読み、この生物がフロリダに棲んでいると知った人は、まずオポッサムの姿を思い浮かべるだろう。たしかに、この実在する小さな有袋類のオポッサムは、子どもたちを背中に乗せたり尻尾に引っかけたりしている。だが、この生き物はネズミからすれば天敵かもしれないが、私たちにとっては少しも危険な動物ではない。一方で、パタゴニアに棲むスカラットの謎はいまだに解決されていない。

MAMMIFÈRES (Opossomimes)

哺乳類（オポッソミム）

スカラット、あるいは「ス」は、攻撃されると腐敗臭のあるカダベリンを含んだ液体を出す。母と子どもたちは腹ばいになって死んだふりをし、捕食者のやる気をそいで身を守る。オポッサムも同じような行動をとるため、進化の過程で似たような性質をもったと考えられる。

スカラット
（*Apogophorus enigmaticus*）
（南アメリカ）

メスと背中の子どもたち

鼻毛

鉤状のひげ

お気に入りの頬ひげ

ひげ
性別や群れの中の順位によって鼻毛の長さやひげの形が異なる。

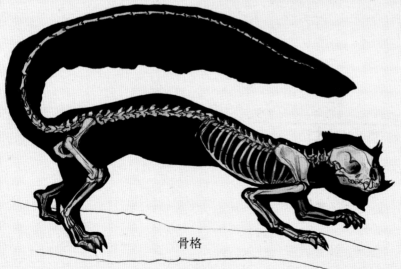

骨格

前足

LE CHUPACABRA

チュパカブラ

　動物に関する寓話は古代の記述をもとにつくられ、そこにルネサンス期の探検家の話や18世紀の博物学者の見解が加えられていった。そこにもうひとつ、まだ動物学で正式に認められていない新種を加えなければならないだろう。その名は「チュパカブラ」。1990年代にプエルトリコに出現した生物だ。名前は「山羊の血を吸うもの」を意味し、家畜の首に穴をあけ、血をすべて吸いとって死に至らしめる。牛や犬や鳥だけでなく、山羊や羊の群れ全体を襲うという。アメリカの南部からチリにいたるまでラテンアメリカの各地で被害が報告されている。目撃証言の内容があまりに異なるため、チュパカブラにはさまざまな種類が存在するのではないかと思えるほどだ。

家畜の首に穴をあけ、血をすべて吸いとって死に至らしめる。

　体毛は灰色、犬のような頭をもつという目撃談や、カンガルーのように跳び、木々のあいだを飛び移るという証言もある。生物学者のなかには、寄生虫によって体毛が抜け落ちる疥癬（かいせん）を患ったコヨーテにすぎないと考える者もいる。撮影された映像を見ると、疥癬を引き起こすヒゼンダニが寄生したキツネや犬にかなり似ている。また、木に登れる動物と言えばアライグマが思い浮かぶ。実際にこのタイプのチュパカブラを捕まえたとしても、それは毛が抜けて暗く灰色な胴体があらわになった小さな肉食獣にすぎなかった。その動物は檻のなかでコロッケや缶詰のトウモロコシを好んで食べたという。解剖学的にも食事の傾向から考えても、血を吸う動物ではないため、未確認動物学者たちは本物のチュパカブラではないと主張する。

　彼らはそのような捕まった動物よりも、まったく別の目撃証言に注目している。そのチュパカブラは、赤い目をした大きな黒いコウモリのような姿をしていて、足は4本足あるが2本足で立つこともできるという。もともと、チュパカブラは1975年に同様の被害を受けた町の名にちなんで「モカの吸血鬼」と呼ばれていた。捕食者にありがちな特徴や吸血鬼映画の影響を考えると、ハリウッドらしい作り話から目撃証言が生まれた可能性も捨てきれない。さらに被害に遭った動物を調べた結果、実際には血をすべて吸われていたわけではないという報告が十数件あがっている。

　ほかにもまったく違うタイプの目撃証言がある。体長は1メートルにも満たず、肌は鱗のあるくすんだ緑色。目は大きく飛び出していて、背中にはとげ状の突起があるという。もはや犬というより爬虫類だ！　幻獣の愛好家にはSF好きが多い。しかもチュパカブラが目撃されるのはいつも一瞬で、しかも夕暮れどきであることから、一部の人たちにはいかにも異星人らしい二足歩行の怪物に見えたのだろう。まるでロズウェルUFO事件で発見された謎の生物の凶暴なバージョンのように。チュパカブラは今、ある意味では典型的な謎の生物として、動物学ではなく超常現象やエイリアンのジャンルをにぎわせている。

LE CHUPACABRA
Mammifère Chiroptéroïde

チュパカブラ　翼をもつ哺乳類

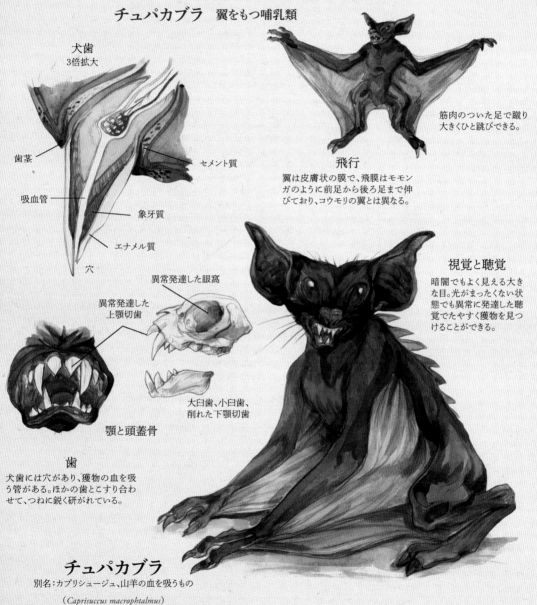

犬歯
3倍拡大

歯茎

吸血管

セメント質

象牙質

エナメル質

穴

飛行
翼は皮膚状の膜で、飛膜はモモンガのように前足から後ろ足まで伸びており、コウモリの翼とは異なる。

筋肉のついた足で蹴り大きくひと跳びできる。

異常発達した眼窩

異常発達した
上顎切歯

大臼歯、小臼歯、
削れた下顎切歯

顎と頭蓋骨

視覚と聴覚
暗闇でもよく見える大きな目。光がまったくない状態でも異常に発達した聴覚でたやすく獲物を見つけることができる。

歯
犬歯には穴があり、獲物の血を吸う管がある。ほかの歯とこすり合わせて、つねに鋭く研がれている。

チュパカブラ
別名：カプリシュージュ、山羊の血を吸うもの

(*Caprisuccus macrophtalmus*)
(南アメリカ)

教育博物館「モンストラリウム」、デロール（パリ7区、バック通り46番地）

AUTRES QUADRUPÈDES

その他の四足動物

17 88年、レイ神父が「博物学者だけでなく世界中の人々」に向けた著作『世界動物学・携帯版 [*Zoologie universelle et portative*]』を出版する。1804年に追加された付録では、推薦者のルイ・フランソワ・ジョフレがこの書物に登場する四足動物を並べ、さらに未確認の動物の名を加えた。ゴヴェラ、ギアマラ、アリシュ、ジャナカ、キキ、マカミツリ、マココ、マンモネ、マンモス、ペヴァ、ピラスピ、コペコトリ、タルビキ、トラミツリ……。

そのリストのなかには、動物学上で実在が証明された動物もいる。スコタイロと呼ばれていた動物はバビルサと命名され、マココと呼ばれた動物はおそらくアンテロープのことで、かつては実在が疑われていたマンモスは今では広く知られるようになった。ネコ科の動物だとかアルマジロやアリクイだとか、読めばすぐに正体がわかる動物もいる。一方で、明らかに伝説と思われる生き物たちも名を連ねていた。一角獣のアリシュやピラスピ（38ページ）、スカラット（44ページ）、トレット・トレット、トラトラトラトラ（98ページ）など。

ボナコンは敵を遠ざけるために「燃える火のようなおならを出して追っ手を焼く」

さらに謎なのは、アフリカの内陸に棲むギアマラだ。信じやすい旅人の証言によると、高さは象の1.5倍ぐらい。象より細身で足がとても長く、足元は牛、背中には2つのこぶ、頭には7本の角がある。キリンとラクダのかけ合わせのように思えるが、見かけとは違って「非常に凶暴」だという。このありえないような姿の怪物は1728年に初めて報告され、古代の記述や16世紀のアンドレ・テヴェの書物に登場したさまざまな四足動物を思い出させるきっかけとなった。また、エチオピアには山の斜面に棲むサナクスと呼ばれる動物がいる。「トラぐらいの大きさと体つき。尻尾はなく、ぺちゃんこの鼻を除けばハンサムな男性のような顔。人間の手のような前足と、トラのような後ろ足。体は褐色の毛で覆われている」という。この文章からはゴリラが思い浮かぶかもしれない。だが、エチオピアにゴリラはいない。さらにテヴェの文章に添えられた絵を見る限り、明らかにゴリラとは異なる。ほかにも、「自由気ままに暮らす」と言われる「ユルパラム」という四足動物がいる。ユルパラムは、深紅の毛をもつかなり小さなサナクスのようにも見え、イエメンのソコトラ島に生息しているという。

また、プリニウスはアフリカのカトブレパスについて簡潔に記している。「体はかなり小さい。足の動きは鈍く、重そうな頭をかろうじて支えていて、その頭はいつも地面に向かって垂れている。そうでなければ人類は絶滅してしまっていただろう。カトブレパスの目を見た者は、すぐに息絶えてしまうのだ」。古代の著述家アイリアノスによると「その息も危険で、毒性のある植物を食すため毒を含んでいる。雄牛に似ているが、ぼさぼさでつり上がった眉のせいで陰気な顔に見える」。博物学者たちはこの動物がヌーではないかと考えた。同じように、ボナコンと呼ばれていた動物はバイソンではないかとも推測している。ボナコンの2本の角は内側に曲がっていて攻撃の役には立たないが、敵を遠ざけるために「燃える火のようなおならを出して追っ手を焼く」ことができるという。

1769年に出版された『狩りと釣りの理論・実践事典 [*Dictionnaire théorique et pratique de la chasse et de la pêche*]』のなかにもこうした四足動物が並ぶ。この本を紹介した書評には「秘密にしておくべきだった知られざる動物までもが紹介されている」と書かれている。

MAMMIFÈRES (quadrupèdes)

哺乳類（四足）

サナクス
(*Gorilloides ferox*)
（アフリカ）

ユルパラム
(*Gorilloides pygmaeus*)
（アフリカ）

ギアマラ
(*Altocamelus paradoxus*)
（アフリカ）

カトブレパス
(*Catabos perniciosus*)
（アフリカ）

防御方法
大きな肛門から尿酸を含んだ皮膚
を損なう液体を出し、蒸気の状態で
4メートル飛ばすことができる。敵は
焼けつくような激しい痛みを感じる。

ボナコン
(*Bos toxopneumus*)
（アフリカ）

内巻きの角

驚異の部屋「ミラビリエ」、デロール（パリ7区、バック通り46番地）

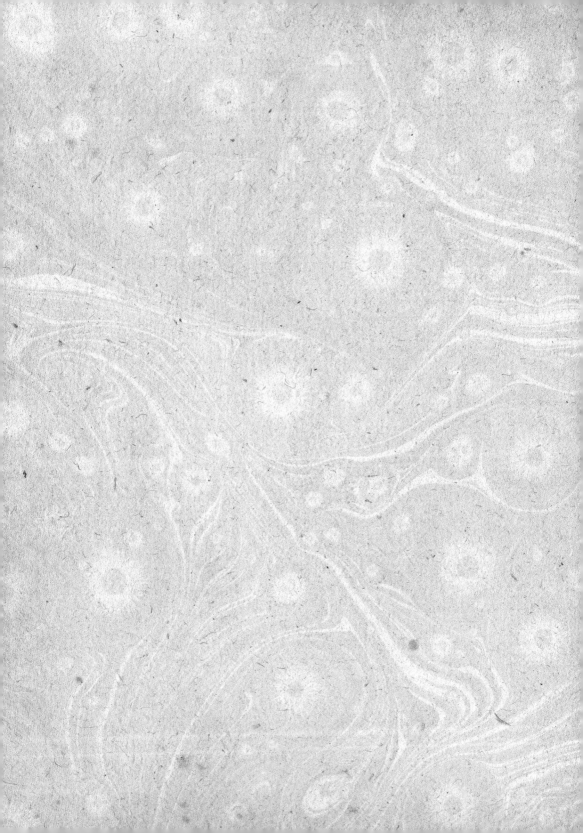

BÊTES AILÉES

翼をもつ動物

フェニックス

威厳に満ちた飛翔、赤くきらめいた装い、魔力をもつ火、復活、変身……。フェニックスは歴史上のどんな英雄よりも力と象徴に満ちた存在だ。時代や地域によって伝説の内容は少しずつ異なるが、中世の動物寓話にはフェニックスの基本的な特徴が描かれている。インドに棲み、翼の色は緋色と金。500歳を迎えると西に向かって飛び立つ。その長い道中で香り高い木を見つけ、香りを自身の翼に染み込ませる。エジプトのヘリオポリスに着くと、大司教が用意した祭壇に乗り、薪の山に火を放ち、自らの身を焼く。その翌日、司教が灰を掘り起こすと1匹の虫が見つかる。2日目に司教がその場所に戻ると、虫は鳥の雛へと成長していた。そして3日目、ついに復活し成鳥となったフェニックスは飛び立っていく。フェニックスは「時と生と死の支配者」なのだ。

フェニックスの美しく力強い姿は、誰かに愛される女性と重なる。しかしその運命は、むしろ恋に焦がれる男性を思わせる。

初期のキリスト教徒はフェニックスに対して明確なイメージを抱いていた。「我が主イエス・キリストはフェニックスのように復活した。信仰をもたぬものは、どうやってこの奇跡を否定できようか? この鳥の復活を認めるのなら、神の復活も当然のことだ」。ルネサンス期に入ると、その実在をめぐる議論がさかんになった。フェニックスは復活を証明する唯一の存在であり、昔からキリストの復活を語る際にはフェニックスが引き合いに出された。そのため、初期のキリスト教会の司教でありのちに教皇となったクレメンス1世でさえも、フェニックスの実在に大きな意味があると説いた。これほど偉大な神学者がキリスト教の重要な教義を伝説に頼っていたとは! その結果、誰もがフェニックスの実在を信じて疑わなかった。アイルランド人がエリザベス1世の軍を打ち負かした際には、当時の教皇から1枚の羽根が送られた。その羽根はのちにロンドンで展示されたという(結局それは極楽鳥の羽根だったが)。一方で、別の理由からこの伝説を受け入れない者たちもいた。彼らは、伝説をキリスト教の教義の根拠にすることを避けたかったのだ。実際、フェニックスがいったいどんな鳥なのか誰にも定義できなかった。金鶏なのか、極楽鳥なのか、はたまたピンクのフラミンゴなのか? ほかにも厄介な問題がある。再生したフェニックスは新たな鳥なのか、それとも同じ鳥が復活したのか? 教会はこの複雑すぎる問題に深入りすることは避け、単にキリストの復活の象徴として扱った。また、不死鳥フェニックスは血統によって続く王政を象徴する存在でもあった。「王が死んだ、王政万歳!」と、王が死んでも王政の存続を願った言葉のように。

ルネサンス期になると、フェニックスには官能的な「情熱の炎」というイメージも加わった。フェニックスの美しく力強い姿は、誰かに愛される女性と重なる。しかしその運命は、むしろ恋に焦がれる男性を思わせる。詩人王と呼ばれたシャンパーニュ伯のティボー4世は次のようにつづっている。「フェニックスは自らの命を終えるため、体を燃やす薪と若枝を探す。私も愛するあの女性に出会ったとき、彼女が私を哀れんでくれなかったら、同じように自らの苦悩と死を追い求めたのだろうか?」。19世紀に入ると、天文学の観点からフェニックスの伝説が検証された。復活のサイクルは500年、654年、1460年、1万2954年のどれが正しいのか? 地球の歳差運動の周期と関係があるのか? その死と再生は昼と夜のサイクルを示すのか、それとも世界全体の再生を意味するのか?

フェニックスの神話は今も生きつづけている。伝説の不死鳥のイメージにあやかろうと、企業が宣伝に使うケースも多い。原子力、保険会社、郊外の住宅地の建設計画……。この鳥がさまざまな広告のイメージキャラクターになっているのはやむをえないことだろう。

フェニックスの再生

死期を悟ったフェニックスは香辛料の葉や香で巣をつくって火を放ち、炎のなかで燃え尽きる。そして数時間後に復活する。火事で燃えた土地の植物に見られるような「自然発生のクローン」や「急激なクローンの成長」の一種と考えられている。

赤褐色の長い冠羽

香辛料
（クミン、シナモン、生姜の葉）

くちばし
くちばしを火打ち石のように使って、巣を燃やすための火を起こす。

緋色の翼

金色の胸

フェニックス
（*Pœn ix immortalis*）
（アジア）

細く優雅な鉤爪

巣または薪

1時間後
小さな核が現れる。

3時間後
虫の形に変化する。

2日後
雛の形に成長する。

3日後
若きフェニックスが灰の中から姿を見せる。

再生のプロセス

驚異の部屋「ミラビリエ」、デロール（パリ7区、バック通り46番地）

LE GRIFFON ET L'HIPPOGRIFFE

グリフォンとヒッポグリフ

半身がライオン、半身がワシのグリフォンは、威厳ある2種の動物から誕生した怪物だ。ライオンもワシもそれぞれ動物学上の分類のなかで「王」と呼ばれている。そんなグリフォンがはるか昔、紀元前数千年のエジプトやペルシアの宮殿の門に掲げられていたのも不思議ではない!

5世紀ギリシアの地理学者・歴史家のヘロドトスは、最初にグリフォンを紹介した人物のひとりだ。その怪物は北インドの山に棲んでいた。その北の中央アジアには単眼のアリマスポイ人、さらにその北の北極圏にはヒュペルボレイオスという伝説の民族がいた。アリマスポイ人は乗馬が得意な民族で、地面から金を掘り起こして自分の巣をつくるグリフォンから金を奪おうとつねに狙っていた。

「爪は角のように長く、広げた翼は木々のように大きい」

ギリシアやローマの人々は、このアリマスポイ人とグリフォンの戦いを題材にした絵を数多く残している。描かれたグリフォンは、ほとんどがオオカミほどの四足動物で、足と鉤爪はライオンに近い。翼と胴体は黒く、首は青かったり、赤かったり。ワシのくちばしをもち、まなざしは燃えるように激しい。絵によっては、鳥のような羽根のある翼ではなく、巨大コウモリのように骨と赤い膜が一体となった翼のこともある。

高い人気に支えられつつも、その実在はつねに疑われていた。プリニウスは「鉤状のくちばしと長い耳」というありえない姿を描写している(ほかの幻獣については冷静な視点から記していることを考えると意外な文章にも思える)。14世紀には、探検家ジョン・マンデヴィルがグリフォンは存在すると主張した。彼の説明によると、8頭のライオンよりも、あるいは100羽のワシよりも大きくて強く、農具をひく馬や2頭の牛を運び去って雛に食べさせるという。「爪は角のように長く、広げた翼は木々のように大きい」とも記されている。一方で1555年には、博物学者のピエール・ブロンが、鳥に関する自身の著作の序文で「グリフォンはまったく価値のないでっちあげだ」と断言した。その後、この鳥は博物学者たちの書物では取り上げられなくなっていく。それでも、グリフォンの力強いイメージを利用する人は絶えなかった。この鳥は貴族の紋章のモチーフとして生きつづけたのだ!

そのグリフォンが、馬の天敵だったことをきっかけに、不思議なかたちで復活を果たす。ことの始まりは紀元前1世紀。詩人ウェルギリウスが『牧歌 農耕詩』で、あまりに奇想天外なことのたとえとしてグリフォンと雌馬との恋愛を例にあげた。「モプソスとニューサが結婚できるなら、不可能なことなどない。グリフォンだって雌馬と交われるかもしれない!」。この比喩がウェルギリウスのもとを離れ、16世紀のアリオストの叙事詩『狂えるオルランド』に取り上げられる。そしてアリオストは初めてこの恋を実らせたのだ。「この軍馬は架空の動物ではない。当然であろう。グリフォンと雌馬から生まれたのだ。父からは羽毛、翼、前足、頭、鉤爪を受け継ぎ、母から後ろ足を受け継いだ。その名はヒッポグリフという」。この記述に従えば、ヒッポグリフはライオンより馬に近い姿をしているはずだ。このアリオストの物語以降、19世紀のロマン主義の詩にたびたびヒッポグリフが登場するようになる。そして20世紀と21世紀に数多く書かれた中世が舞台の妖精物語において、ヒッポグリフは完全に父グリフォンの人気を上回ったのだ。

OISEAUX (HYBRIDES)

鳥類（異種交配）

グリフォンはライオンとワシが交配した巨大な鳥である。グリフォンと
雌馬から生まれたヒッポグリフの起源でもある。

グリフォンの鉤爪

前足の鉤爪
（グリフォンとヒッポグリフ）

グリフォン
(*Gryps augustus*)
（小アジア）

ライオンのような後ろ足
（グリフォン）

ヒッポグリフ
(*Hippogryps fictus*)
（ヨーロッパ）

馬のような後ろ足
（ヒッポグリフ）

驚異の部屋「ミラビリエ」、デロール（パリ7区、バック通り46番地）

巨大ワシ

かつて、翼で空を覆い、雛が破った卵の殻が民家の屋根に使われ、足の一撃で牛をも殺す巨大な鳥が生きていた。これらはすべて、東洋や遠くの島から帰国した旅人たちの報告だ。マルコ・ポーロはアラブの南の島に生息する巨大鳥の話を耳にした。人々は長いあいだ、そこがマダガスカル島だと思っていた。「その怪力の巨大鳥は象を空高く持ち上げ、地上に叩き落として粉砕する。そして死んだ象を引き裂いて食すという。島の住民はその鳥を『ルク（ruc）』と呼び、それ以外の名はわかっていない。彼らはグリフォンのことを知らなかったが、その大きさからグリフォンではないかと考えられる」

「その怪力で平原の象を運び去り、山の頂上まで運んで食す」

この鳥に関する記述はこれが初めてではない。7世紀、シリアのキリスト教神学者エデッサのヤコブが、マダガスカル語で「ルク」や「ロック（rokh）」と呼ばれる巨大な鳥に注目していた。「インド人の国に棲む怪力の鳥であり、象鳥と呼ばれることが多い。幼い象を母親から引き離して空高く連れ去り、住処である砂漠で食べるのだ」。『千夜一夜物語』にもこれに近い記述がある。「その怪力で平原の象を運び去り、山の頂上まで運んで食す」。これがまさしくロックの特徴であり、象鳥とはもともとは「象を運んで食べる鳥」を意味した。生息地がインドであれマダガスカルであれ、この鳥はさらに古い時代のペルシアのシームルグにも似ている。巨大ワシのシームルグは誰も本当の場所を知らないカフ山に棲み、牛や馬を難なく運んできて食べたという。あらゆる言語を理解し、聡明で、宗教心さえもっていた。

世界のさまざまな伝説や神話にも巨大ワシが登場する。そのなかの多くは、完全に神話上の鳥だ。翼のはばたきで世界中の風を起こすという北欧神話のフレースヴェルグ、インドのヴィシュヌ神の乗り物である半人半鷲のガルダ。それに比べてロックやシームルグは卵を産み、雛に餌を与えるために狩りをすることから、多少は現実的な生物といえよう。このことから、博物学者たちは実在する鳥のなかに近い存在がいるのではないかと考えた。19世紀の東洋歴史学者ギヨーム・ポティエは「マルコ・ポーロが示したロックの大きさは12歩、翼を広げると30歩程度。ありえないというほどの大きさではない」と述べ、さらにエジプト遠征の際に殺されたヒゲワシは翼を広げると5メートルはあったと主張した。ヒゲワシは鳥類としては非常に大きく、ロックに似ているかもしれない。ポティエは「それでも30歩には満たないが、これぐらいの大きさは当時の人々なら想像できただろう」と述べている。

だからといって、ワシが象を捕まえて運ぶとは考えられない！　アルゼンチンでは翼を広げると7メートルもある鳥の化石が発見されたが、それでも十分な大きさとはいえない。とはいえ、少し視点を変えて象の大きさについて考えてみると、マルタ島とシチリア島には過去に大型犬ほどの小さな象が生息していたことがわかっている。巨大なワシが小型象の赤ちゃんを運んでいたとしても不思議ではない。

OISEAUX (MÉCAQUILIDÉS)

鳥類 （メガキリデ）

巨大ワシは「メガキリデ科」に属し、ルク（またはロック）、シームルグ、北欧のフレースヴェルグ、インドのガルダなどがいる。象を運ぶことができる。

巨大ワシとヒゲワシの比較

ロック鳥
(*Rox elephantivorus*)
（アジア）

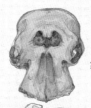

ペリット
（消化されずに
口から吐き出されたもの）
1/10縮小

巨大雛の捕獲

ロック鳥のペリットの内容物

毛が粘液と混じっている。

象と人間の頭蓋骨　　人間の骨盤　　象の歯　　人間の肋骨と脊椎

象の大腿骨

食べ物

巨大ワシは猛禽類である。爪で獲物の腹を引き裂き、まるごと飲み込む。そして毛や骨や鎧など消化されなかったものを吐き出す。

馬と牛の肩甲骨

馬の足の骨

馬の頭蓋骨　　　　　ペルシア軍の鎧　　　　馬の肋骨と脊椎

驚異の部屋「ミラビリエ」、デロール（パリ7区、バック通り46番地）

LE VOROMPATRA

ヴォロンパトラ

1658年、マダガスカル島のフランス領統治者エティエンヌ・ド・フラクールは、島に生息するヴォロンパトラについて報告した。「アンパトル（現在のアンドロイ）に現れる大きな鳥で、卵はダチョウの卵に近い。現地の人は卵を手に入れることはできない。その鳥はもっと人里離れた場所を求めて移動している」

それ以上は何も説明がなく、この南方に棲む巨大鳥は1838年まで人々の記憶から消え去っていた。その年、イギリスの動物学者リチャード・オーウェンが、退役した海軍の外科医から、所変わってニュージーランドの川の泥から発掘された骨を受け取る。その骨は現地の言い伝えではワシのような鳥のものと考えられていた。しかし、オーウェンは鳥の骨ではあっても、ワシではないという結論に達した。体は大きいが飛ぶことができない巨大なダチョウのような動物だと推測し、「恐ろしい鳥」（ジャイアントモア）と命名した。この鳥は現地では「モア」と呼ばれており、マオリ族にはモアと先祖たちの壮絶な戦いが語り継がれているという。

卵の容積は8リットル以上、
ダチョウの卵6個分、鶏の卵150個分、
ハチドリの卵5万個分もあった！

ジャイアントモアの発見から数年後、地球上にはほかにも巨大な鳥がいるかもしれないという期待とともに、マダガスカルの島に再びスポットが当てられる。1851年、パリの国立自然史博物館がマダガスカルの植民地から卵と数本の骨を受け取った。2個の卵は無傷のまま送られ、容積は8リットル以上、ダチョウの卵6個分、鶏の卵150個分、ハチドリの卵5万個分もあった！　著名な博物学者の息子であり、動物学者のイジドール・ジョフロワ・サン=ティレールは、この新種を「大きな鳥」を意味する「エピオルニス」と命名した。実はその3年前、別のフランス商人がこれに似た卵を手に入れようとしたが、非常に貴重なものだとして持ち主がけっして売ろうとしなかったという。マダガスカルの西海岸に住むサカラヴァ人は、「大幅に数が減っているものの、この鳥はまだ存在している」と主張する。一方、ほかの島民はすでに絶滅したものと考えていた。現地の人々は、エピオルニスを「牛を地面に投げ飛ばしてむさぼり食う鳥」として恐れていたようだ。

ヴォロンパトラと呼ばれていたこのエピオルニスは、体重が最低でも400キログラムあり、発見された鳥類のなかで最も重い鳥と考えられている。2本のたくましい足が体を支え、頭までの高さは3メートル。空を飛ぶことはできない。ニュージーランドのジャイアントモアと同じように、間違いなく草食動物である。島の小動物たちから恐れられるような存在ではなかったが、4000年前に東南アジアから渡ってきた初期の住民たちの狩りの犠牲になったという。マダガスカル島では、数百万年にわたって動植物が独自の進化を遂げてきた。ヨーロッパ人が入植してきた段階では、すでに巨大な鳥類は絶滅していたと考えられている。

この発見ののち、ヴォロンパトラこそがマルコ・ポーロが記述したロック（56ページ）のモデルではないかと考えられた。ときどき見つかっていたこの鳥の巨大な卵がロック伝説を豊かにし、現実味を与えていたのだろう。しかし、ヴォロンパトラは空を飛べない。それに、ロックは象を運び去っていたはずだ。「ヴォロンパトラ」は「アンパトルの湿地の鳥」を意味し、その巨体と太い骨から博物学者は「象鳥」というあだ名をつけた。「エピオルニス（ヴォロンパトラ）が鳥類最大かはわからないが、現状では最も大きく、重く、一番象に近い鳥だ」と。このあだ名のおかげで、元祖「象鳥」のロックとますます関係があるように思えるが、名前の意味はすっかり変わっていたのだ。「象を運ぶ鳥」から「象のような鳥」へ！

OISEAUX GÉANTS

巨大鳥

卵
孵化のプロセス

鼻孔
眼窩
上嘴
下嘴

1日目
濃厚卵白
胚盤
気室
カラザ
卵殻
卵黄

ヴォロンパトラ
(*Dinornis ineptus*)
（マダガスカル）

頸椎

3日目
胚盤が胚を形成し、
血管が四方に広がる。

肩甲骨

肋骨

骨盤

大腿骨

7日目
胚が雛の形となり、
足が生えてくる。

退化した
腕の骨

13日目
20日目

竜骨突起が
ない胸骨

腓骨

脛骨

21日目
殻を割るための硬く
突き出たくちばし

中趾
外趾

足根中足骨
または管骨

鉤爪
内趾

骨格

卵を割って出た雛

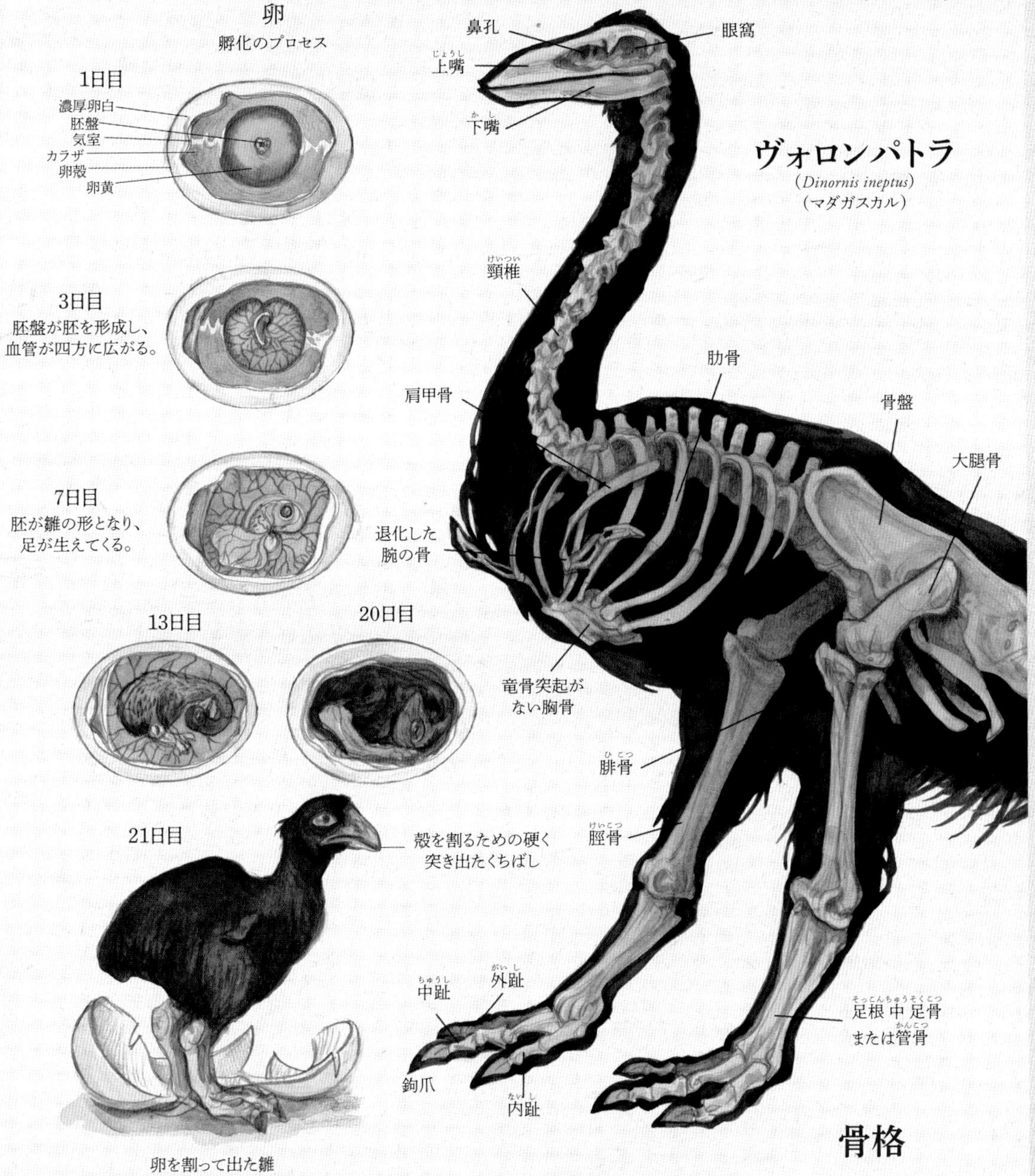

驚異の部屋「ミラビリエ」、デロール（パリ7区、バック通り46番地）

ハルピュイア

16 94年にアカデミー・フランセーズから出版された辞書の初版によると、「ハルピュイアは非常に食欲が旺盛な架空の動物であり、鉤状の鋭い爪をもつ女性の顔をした鳥として詩人たちに描かれてきた。金銭にがめつく、他人の財産をかすめ取る人たちのことを『あれはハルピュイア、本物のハルピュイアだ』と表現する」。紀元前1世紀のウェルギリウスも、そのあまりに不愉快な姿を次のように表現している。「これほど恐ろしく、有害な怪物はいない。怒った神々がこの鳥を地獄から解き放ったのだ。顔は人間の乙女だが、腹は汚くておぞましい。

> 尾は2本あり、そのうち1本は
> 象の鼻のようにやわらかく、
> しなやかに輪を描く。
> もう1本の先端は矢の形をしている。

鉤状に曲がった手をもち、飢えからいつも青白い顔をしている」。

ギリシア神話のタウマスとエレクトラの娘、またはローマ神話のネプトゥヌスとテラの娘であるハルピュイアは、神話に登場する動物であり、実在はしない。自然のなかでの逸話をもたず、繁殖もせず、子孫を残さないため動物寓話にはほとんど登場しない。しかし、1784年10月20日付けのパリの雑誌『メルキュール・ド・フランス』が、オスのハルピュイアが捕獲されたことを報じた。「私たちの生きる時代では、次から次へと驚異の事実が発見される。いまや宮廷や街は新種の怪物の噂でもちきりである。アメリカ大陸のスペイン領で発見されたその怪物は、伝説の鳥ハルピュイアと思われる」。厳密にいえば、チリのファグワ湖の近くで発見されたという。「体長約4メートル、まるで人間のような顔、コウモリのような2枚の翼。尾は2本あり、そのうち1本は象の鼻のようにやわらかく、しなやかに輪を描いて獲物を捕らえる。

そして先端が矢の形をしたもう1本の硬い尾で刺し殺す。全身は鱗に覆われている」。そのハルピュイアに牛や豚を与えたら食べたという。さらに説明は続き「ヨーロッパで絶滅しないように次はメスの捕獲を計画している」と書かれていた。オスとメス、いたって動物学的な考え方だ! しかし、すぐさまひとつの事実が浮かび上がる。まったくの作り話だと明かす冊子がつくられたのだ。タイトルは『サンタフェ近郊ファグワ湖岸で生きたまま捕獲された伝説的な怪物の歴史的叙述』。著者は不明である。著者名には「バルセロナの伯爵、フランシスコ・グザヴィエロ・ド・ムンリオ」と書かれているものの、誰もが「プロヴァンスの伯爵、ルイ16世の兄弟」の文字を並べ替えたものだと気づいていた。その冊子によると、ハルピュイアはフランスの赤字と厳しい財政状況を表しているという。オスが財務総監のカロンヌなら、メスはマリー=アントワネット。彼女は国の財産を浪費し、「赤字夫人」と揶揄されていた。

この冊子は何度も増刷され、その挿絵は国中に広がっていく。フランスは大きな不安と皮肉まじりの笑いに包まれ、さらには鱗のような飾りやコウモリの翼をつけた「ハルピュイア風」のマリー=アントワネットの風刺画が話題となった。

> ハルピュイア風なら何でもあり／リボンにロングドレスに縁なし帽／ご婦人たち あなたのセンスは大流行り／安物なんか身につけず／個性的に装うの

王朝派のジャン=バティスト・カプフィグは次のように語っている。「この冊子の筆者はこうした批判が世の中にどれほど悪影響を及ぼすか自覚していなかったのだろう。だがこの冊子は、高貴な王妃に対して向けられたあらゆる嘆かわしいあだ名のきっかけとなった。民衆の心のなかで王国の権威が失墜したとき、彼らを暴動や反乱へとそそのかし、革命へと導くことなどいとも簡単だっただろう」。なんと、ハルピュイアはドラゴンよりも大きな影響をもたらしたのだ!

OISEAU MIMOGYNE (LA HARPIE)

女性に似た鳥類（ハルピュイア）

ハルピュイアは顔が女性に似ているいわれることがある。おもに腐った魚を食べるため、翼からは不快な臭いがする。

翼

小翼羽

小雨覆（しょうあまおおい）

大雨覆（おおあまおおい）

次列風切　　三列風切

初列風切（かざきり）

オスとメス

繁殖期になると、オスは羽毛を膨らませ、鋭い声をあげながらメスの周りで曲芸飛行をする。繁殖期以外は翼が同じに見えるため性別を見分けるのは困難である。

化石
第三期
翼を広げた大きさ：2.35メートル

綿羽
羽根は長くてやわらかく、哺乳類の毛のように見える。

風切羽（かざきりばね）

ハルピュイア
(*Feminavis vociferans*)
（ヨーロッパ）

教育博物館「モンストラリウム」、デロール（パリ7区、バック通り46番地）

驚異的な鳥

ルネサンス期に活躍したギョーム・ロンドレ、ピエール・ブロン、コンラート・ゲスナーといった博物学者は、動植物の種類を定め記録するという壮大な作業にとりかかった。古代の記述よりも観察を重視したため、伝説の鳥たちは削除される運命にあった。象徴として大きな意味をもつ鳥たちを否定することは宗教批判にもつながる可能性があり、教会を刺激しないように作業を進めなければならなかった。

ハルシオン（フランスではアルキヨン）は太古の昔から冬の嵐を鎮める鳥として知られている。魚の骨を組み合わせた巣はまるで「針の巣」のようだという。巣づくりが終わると、その巣を海に浮かべる。巣に入れるのは1羽のハルシオンだけ。そこで7日間卵を温め、卵がかえるとさらに7日間、雛に餌を与える。この期間、海は驚くほど穏やかになるという。船乗りたちは、この「ハルシオンの日々」の期間は嵐を恐れなくていいのだ。この巣は神の恩恵によるものとみなされ、人々を温かく迎え入れて庇護する教会のシンボルとなっていく。さらに海を鎮めることができるハルシオンは、海を創造したキリストそのものを象徴する存在となった。

その鳥が病人と目を合わせたときは、
病を「飲み込み」、太陽へ向かって
飛び立ち不幸を焼き尽くす。

この鳥は何者なのか？　カワセミではないかと考える人も多かったが、カワセミは川の土手に掘った巣穴に卵を産むため当てはまらない。博物学者は巣そのものにも注目し、その謎を解き明かそうとした。昔から、海岸に打ち上げられたり波の上を漂ったりする卵形のかたまりのことを「アルキヨニオン」と呼んだ。18世紀、博物学者のジャン・エティエンヌ・ゲタールがこのアルキヨニオンの中身を調査した。それは海綿動物、もつれた藻、軟体動物の乾いた卵、ゴカイの群れなどが雑多に混じっているだけで、巣とは到底言えないものだった！　彼は「ほかにもさまざまな正体不明のアルキヨニオンがあるのと同じように、ハルシオンの正体もいまだ謎に包まれている」と語った。

カラドリウスも超自然的な力をもつ鳥だ。初めて記されたのは古代の終わりごろで、中世の動物寓話には必ず登場する。羽がすべて白いこと以外は、詳しいことはわかっていない。この鳥が病人の枕元に現れると、その人の運命がわかるという。カラドリウスが目をそらしたときは、病は治らず病人は命を落とす。目を合わせたときは、その病を「飲み込み」、太陽へ向かって飛び立ち不幸を焼き尽くす。そしてカラドリウスと病人は同時に病から回復するという。この特徴は人々を救済するため罪を背負って昇天したキリスト、そして罪を悔い改めない者から顔をそむけるキリストを表している。もちろん、さまざまな人がこの奇跡を起こす鳥の正体をつきとめようとした。アオサギ、コウノトリ、ヒバリ、ツル、タゲリ、チドリ……。古代ギリシアの医師ヒポクラテスは、目から感染すると思われていた黄疸が出たときは、チドリのブイヨンスープを飲むように勧めていたという。また、かん高い声で鳴き、黄色い目をもつイシチドリも候補にあがったが、この鳥の羽は白くはなかった。コウライウグイスは目の病気やものもらいのときに姿を見るといわれているが、羽が黄色い。こうした推測から答えが見つかることはなく、結局ピエール・ブロンはカラドリウスを架空の鳥と考え、これ以上取り上げることをあきらめた。

なかには正体が明らかになったことでかえって迷惑をこうむった鳥もいる。夜の鳥ニクティコラックスは「汚くて臭い」悪魔の使い、ユダヤ人の象徴とされ、真実の光よりも闇を好むといわれてきた。動物寓話の挿絵を見るとそれが何の鳥なのかはっきりとわかる。何世紀にもわたり悪魔祓いとして納屋のドアにくぎ打ちされてきたフクロウのことだったのだ。

OISEAUX (THAUMATURGIDÉS)

鳥類（奇跡を起こす）

ハルシオンは巣が海上にあるあいだは嵐を鎮めることができる。カラドリウスは病人の枕元に現れ、ひと目見ただけで病気を治すことができる。奇跡を起こすすばらしい鳥は、人間にとってありがたい動物である。

ハルシオン（アルキヨン）
(*Halcyon tranquillans*)
（ヨーロッパ）

ハルシオンの巣、またはアルキヨニオン
驚異の部屋には乾燥したものや化石となったものも含め、たくさんのハルシオンの巣が展示されていた。

アルキヨニオンは不規則な球形で、出入り口は丸い（魚の骨が組み合わさっている）。

スポンジ状の
アルキヨニオン

赤みがかった
アルキヨニオン

渦巻き状の
アルキヨニオン

掌状の
アルキヨニオン

カラドリウス
(*Charadrius mirabilis*)
（ヨーロッパ）

毛様体　房水　角膜　水晶体　虹彩　毛様体

強膜　網膜

テラピキュルカラドリウス特有の器官で病気を治す光線を放つ。

視神経

カラドリウスの目（横断面）
《ひと目で病を治す鳥》

驚異の部屋「ミラビリエ」、デロール（パリ7区、バック通り46番地）

LA COQUECIGRUE

コクシグル

コクシグル（coquecigrue）がどんな生き物なのかを知る者はいない。鶏（coq）、コウノトリ（cigogne）、ツル（grue）、はたまた白鳥（cygne）などの交配から誕生したのだろうか？　正体がわからないからこそ、さまざまなつづりが存在した。Coqsigrüe、coccygrue、coxigrue、cocquecygrue、côquesegrue……。

最も有力な説によると、コクシグルは鳥、それも貴重な鳥だという。作家ラブレーは、『ガルガンチュアとパンタグリュエル』のなかで、戦いに敗れたピクロコール王に魔女が「王国はコクシグルの飛来とともに返還される」と告げたことを描いている。つまり、「けっして実現しない」という意味だ。また、1750年に出版された『フランス語語源辞典』では、文法学者のジル・メナージュが、「コクシグルの飛来」のイタリア語訳は「ロバが飛んだら」だと説明している。

1670年、ドミニコ修道士の植物学者ジャン=バティスト・デュ・テルトルは『フランス領アンティル諸島の通史』のなかで次のように記した。「バッタ

> 「この動物を詳細に分析した解剖学者は、脳みそが非常に乏しく、心臓はほぼ空っぽで平らであることを発見した」

のなかで最も大きく、最も危険。ぞっとするような見た目で、なんと呼べばいいかわからず、私たちはコクシグルと呼んでいた」。文章に添えられた挿絵を見れば、それが木の枝に擬態するナナフシの一種であることがわかる。探検家アメデ・フランソワ・フレジは1712年からチリとペルーの海岸沿いをめぐった旅行記のなかで、「とても奇妙な生き物を見た。止まっているときの姿は、木の枝と見まがうほどだ」と記し、さらに「テルトル神父がコクシグルと書いたバッタと同じ種だろう」とも語っている。こうしてコクシグルの正体はますま

す謎に包まれていく。1788年『特殊なフランス語辞典』では海の魚、1831年『仏伊大辞典』では小さな貝と紹介されている。鶏（coq）が海の軟体動物ザルガイ（coque）にどこかで変わったのかもしれない。珍品陳列室では、コクシグルとして「海のハリネズミ」、つまり動物学上の名で「ウニ」の殻が展示されていた。ジル・メナージュは、1ページを使ってコクシグルがウニであることを証明しようとしたが、ウニの生態がよくわからず失敗に終わった。彼はさらに次のような仮説も立てている。「ル・アーヴルの町では、海岸に打ち寄せられた粘着質の物体のことを水兵たちがコクシグルと呼んでいる。色や質感が糊のようだという」。その物体は見た目こそ美しいものの何の役にも立たない、とも述べている。結局、コクシグルの正体は何ひとつ明らかにならなかった。1822年、ゴシップ記者のエヴァリストは『アルバム、アート、モード、演劇の日誌』のなかでこの謎多き生物について記している。「とがった鼻と口、きょろきょろと落ち着かない目、神経質でいつもいら立っている。鋭く突き刺すような声、きらきらと媚びるような装い。この動物を詳細に分析した解剖学者は、脳みそが非常に乏しく、心臓はほぼ空っぽで平らであることを発見した。アカデミー・フランセーズの言葉を信じるのなら、その動物は女性のようだという。アカデミーがいつも正しいとは限らないが」。こうしてコクシグルは、女性を鳥の名で呼んで軽視する伝統に名を連ねることになった。「かわいいお前」を意味するハトやキジバト、「娼婦」を意味する鶏やツルのように、鳥を使った女性蔑視の表現は数多く存在する。それでもなおコクシグルの正体がつかめないのなら、いっそのこと何かと交換すればいい。滑稽詩人のルイ・リシェが1649年に書いた詩のユーモアを借りて……。

誰もがみんなで知恵比べ／みんなが隣人とだまし合い／提灯の代わりに膀胱を渡せ／くだらない話の代わりにコクシグルを

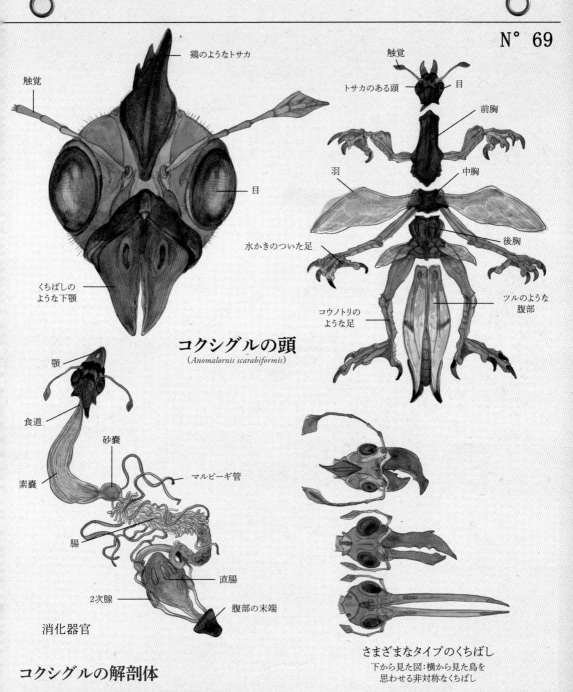

鶏のようなトサカ

触覚

触覚

トサカのある頭

目

前胸

羽

中胸

目

水かきのついた足

後胸

くちばしの
ような下顎

コウノトリの
ような足

ツルのような
腹部

コクシグルの頭
(*Anomalornis scarabiformis*)

顎

食道

砂嚢

マルピーギ管

素嚢

腸

直腸

2次腺

腹部の末端

消化器官

さまざまなタイプのくちばし
下から見た図：横から見た鳥を
思わせる非対称なくちばし

コクシグルの解剖体
ANATOMIE SOMMAIRE DE LA COQUECIGRUE

デロール（パリ7区、バック通り46番地）

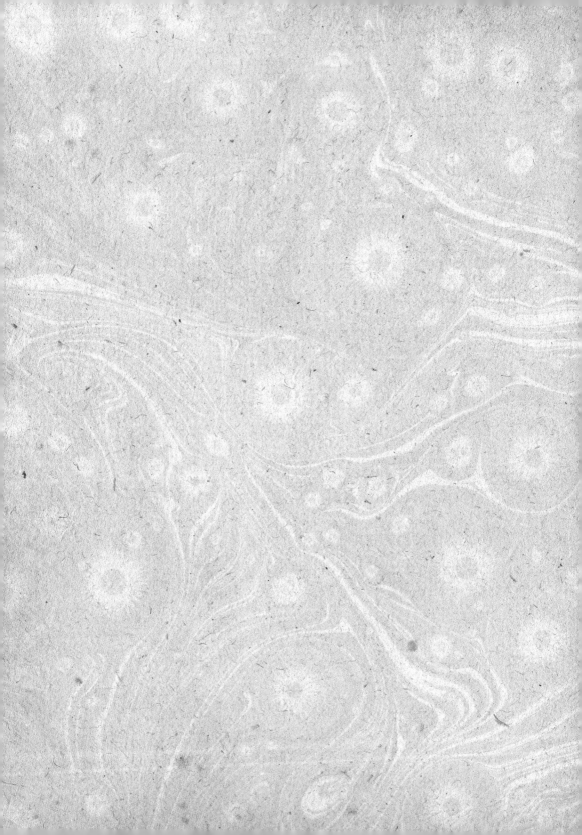

BÊTES MARINES

海の動物

LE GRAND SERPENT DE MER

巨大シー・サーペント（大海蛇）

巨大なシー・サーペントの起源は聖書にさかのぼる。旧約聖書に登場する怪物レヴィアタンはクジラではなく蛇として描かれている。「その日、主は堅く大いなる強いつるぎで逃げるへびレビヤタン、曲りくねるへびレビヤタンを罰し、また海におる龍を殺される」（イザヤ書27章1節）。北欧神話にも「毒蛇ヨルムンガンドが神トールに殺される」という記述がある。この神話の怪物たちと、船乗りたちがときどき海で目撃し恐れたシー・サーペントとの関係を探ることにはあまり意味がない。しかし、シー・サーペントにまつわる話は、なぜか教会の人たちによるものが多い。

「かまどの薪のように熱い火を吹き、体は巨大で15頭の雄牛よりも激しく吠える」

まずは6世紀アイルランドの修道士ブレンダンの逸話がある。彼は長期にわたって大西洋を航海したことで知られていた。1120年ごろ匿名の詩人によって書かれた『聖ブレンダン航海記』には、彼がシー・サーペントを目撃したという記述がある。「1匹の海蛇が風よりも速く迫ってきた。その蛇はかまどの薪のように熱い火を吹き、体は巨大で15頭の雄牛よりも激しく吠える」。これは1240年に神学者トマ・ド・カンタンプレが語った生物と同じだと考えられるが、カンタンプレの説明では、よりリアルに描写されている。「翼はもたず、尾は曲がりくねり、胴体の太さのわりに頭は小さいが、恐ろしい口がぱっくりと開いている。硬い肌には鱗があり、翼の代わりに泳ぐためのヒレがついている」

最初にこの怪物の生態を詳しく記したのはウプサラの大司教オラウス・マグヌスだ。1555年の著書『北方民族文化誌』で、その怪物を体長60メートルをゆうに超える水陸両生の蛇だと説明している。「地上では仔牛や仔羊や豚を食べ、海ではタコやイセエビや魚を大量に食べる」。姿を現すことはめったになく、目撃されたときは危機が迫っていることを意味した。目撃した船乗りに災難が降りかかるだけでなく、彗星の接近と同じように、王子の死や戦争の混乱の前触れと考えられた。シー・サーペントは、夜になるとノルウェーのベルゲンの海岸近くの巣を出て船を攻撃する。「見つけた船を手当たり次第にくわえて引きずり込む。それから柱のように真っすぐに立ち、乗組員をむさぼり食うのだ」

ベルゲンの司教であり、この怪物を研究したエリック・ポントピダンの『ノルウェー博物誌［*Histoire naturelle de la Norvège*］』にも同じような記述がある。ポントピダンは、「巨大なシー・サーペントは恐ろしくて驚異的な海の怪物である」と述べ、さらに生物学の視点から「産卵期である7月と8月を除いて海の底に暮らす」と説明している。また、シー・サーペントが目撃されない国ではその実在が疑われているが、ノルウェーでは一般的な生物だ、とも語っている。「シー・サーペントは本当にいるのかとノルウェー人に聞けば、まるでウナギやタラが本当にいるのかと聞かれたかのような馬鹿げた質問だと思われるだろう」

1867年、アルマン・ランドランは、科学知識を一般に広めることを目的とした自身の著作『海獣［*Les monstres marins*］』で、サメやクジラなどたくさんの海の生物を紹介し、シー・サーペントにも1章をまるごと割いている。「最近は目撃情報がなく、美術館には体の一部すら展示されていない。だがそれでも、シー・サーペントが空想の産物だとは言い切れないだろう」

68

REPTILES (MÉGAHYDROPHIIDÉS)

爬虫類（巨大水生動物）
メガイドロフィデ

息を吸いに水面に上がってきたときの頭を何度も船乗りに目撃されている。
遠くから見ると、うねるような首と長い尾が蛇を思わせる。

シー・サーペント（大海蛇）

(*Oceanosaurus mirificus*)
（世界中の海洋）

移動

体をくねらせ、2本の前足でバラン
スをとりながらウナギのように水中
を前に進む。

超自然史図版
絵：カミーユ・ランヴェルサッド
　　幻獣研究家

LE KRAKEN

クラーケン

17 53年、ベルゲンの司教エリック・ポントピダンは『ノルウェー博物誌』のなかで、数章にわたってクラーケンを取り上げ「間違いなく世界最大の海の怪物である」と記している。体の大きさが島ひとつぶんほどあり、渦を起こして船を海底に引き込む生物が古くから伝えられていることを紹介したうえで、さらに具体的にクラーケンの説明を試みた。「このけた外れに大きい海の生物は、おそらくタコやヒトデの仲間だろう。体を自在に曲げることができ、腕のような触手を使って移動し獲物をつかむ」。学者たちは、マンティコアやグリフォンについては早々に「伝説」だと結論づけたが、クラーケンについてはまだ態度を決めかねていた。なかには「霧の立ちこめる夜、北方の波の上にクラーケンがそびえ立つ。恐ろしい頭からは、引き抜かれた巨大なもみの木の根のような腕が伸びている」という言い伝えを信じつづける者もいた。

**「北方の波の上にクラーケンが
そびえ立つ。その恐ろしい頭からは、
引き抜かれた巨大な
もみの木の根のような腕が伸びている」**

1802年、ピエール・ドゥニス・ド・モンフォールは著書『軟体動物、一般と個別の博物誌』のなかで、初めて系統学的な観点からクラーケンが実在するかどうか考察した。彼は、「我々の研究を難破させる2つの暗礁がある」と述べ、そのひとつは、あまりに奇妙な報告だとして信じようとしないこと。もうひとつは、「文書に残された事実や最近明らかになった事実、そして博物学者たちが口にしたことを、故意に隠したり、表に出すのを躊躇したりすること」。そして、それらをやめない限り研究は不完全なものになると警告した。彼はさまざまな目撃証言を集めたが、結局クラー

ケンに関して何も証明することはできなかった。1857年、ドイツの科学知識の普及者W・F・A・ジマーマンは次のように語っている。「アメリカ水兵の話を聞けば、そのタコがとてつもない生物だとわかるだろう。この怪物は12隻の大型船をいっぺんに水中に引き込んだようだ。その後は食べてしまったとしか思えない……消化不良など起こさずに。今では、この恐ろしい怪物クラーケンは1体しか存在せず、子孫を残すことはできない。不死の生物ではあるが、シー・サーペントと同じように恐ろしさが薄れつつある。クラーケンに関する報告はデマ記事のように扱われ、せいぜいぱっとしない航海を終えた船長の逸話として新聞のネタになるぐらいだ」。ところがその年、デンマークの動物学者ヤペトゥス・ステーンストロップが巨大なイカの断片と巨大なくちばしについて発表した。そしてそのイカを、「古代のイカの王」を意味する「ダイオウイカ（Architeuthis dux）」と命名した。1861年11月2日、フランス海軍の護衛艦ラレクトンがテネリフェ島の沖合で海面を泳ぐ怪物のようなタコに遭遇した。「吸盤のついた見事な腕が頭を囲み、その腕を入れずとも体長は5メートル、体はれんが色、飛び出た目は異様に発達していて、びっくりするほど動かない」。体重は2トンはあったという。1870年代には、ダイオウイカが新大陸の沿岸に何体も打ち上げられた。すぐさま写真が撮影され、個体も回収され、実際に海に生息していることが証明された。2012年には、16世紀から現在にいたるまで677体のダイオウイカが目撃されていることを動物学者が発表した。最も大きい個体は体長18メートルだが、マッコウクジラの胃に残されていたダイオウイカの器官から推測すると、25メートルから30メートル、さらには50メートルのダイオウイカが存在する可能性もあるようだ！ さらにその年、海中でのダイオウイカの姿が初めて映像に収められた。今では何十体ものダイオウイカが剥製となって博物館に展示されている。不思議なことに、この生物の実在が証明されて以来、船が襲われることはなくなったという。

LE KRAKEN (CÉPHALOPODE GÉANT)

クラーケン（巨大頭足類）

けた外れに大きい頭足類。大型船を10本の触手で締めつけて食す。一番小さい個体でも2階建てバスほどの大きさがある。

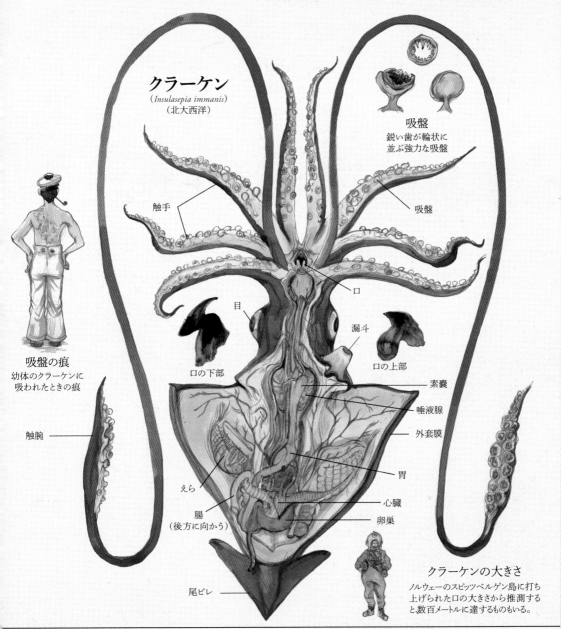

クラーケン
(*Insulasepia immanis*)
（北大西洋）

吸盤
鋭い歯が輪状に
並ぶ強力な吸盤

吸盤

触手

口

目

漏斗

素嚢

唾液腺

外套膜

胃

心臓

卵巣

口の下部

口の上部

吸盤の痕
幼体のクラーケンに
吸われたときの痕

触腕

えら

腸
（後方に向かう）

尾ビレ

クラーケンの大きさ
ノルウェーのスピッツベルゲン島に打ち
上げられた口の大きさから推測する
と数百メートルに達するものもいる。

教育博物館「モンストラリウム」、デロール（パリ7区、バック通り46番地）

LE CÈTE

ケートス

ケートスは、これまでに目撃された魚のなかで最も大きい。メスのケートスはクジラと呼ばれている」。大聖アルベルトがそう記した13世紀、泳ぐ動物はすべて魚と考えられ、クジラ目の動物はまだあまり知られていなかった。マグヌスによると、ケートスはえら呼吸ではなくイルカのように管から呼吸をする。彼は動物を呼吸の方法ではなく体毛の有無で分類していた。「目にはまつげのような角質がかぶさっている。個体の大きさによって異なるが、その長さはだいたい2.5メートルほどで、本数は片目ごとに250本。小麦を刈る大きな鎌のようにも見える」。この部分は端がふさふさのクジラひげを思わせるが、クジラひげはたいてい口のなかにあるものだ。

**「一度交尾すると、もう二度と
クジラと交尾をすることはできない。
生殖不能になったケートスは
海の底に沈み、島ほどの
大きさまでぶくぶくと太る」**

大聖アルベルトによると、ケートスの眼窩は巨大で人間が15人から20人は入れるという！　ただし、クジラの目はとても小さいので、ケートスはクジラとは異なる生物だろう。むしろ、プリニウスが「体長が200メートル、面積にすると1ヘクタールほどもある」と記した生き物がケートスだったのかもしれない。アルベルトは、その驚異的な大きさについて説明している。「一度交尾すると、もう二度とクジラと交尾をすることはできない。生殖不能になったケートスは海の底に沈み、島ほどの大きさまでぶくぶくと太る」。しかし「何度もケートスを目撃したという船乗りでも、そのことを説明できる者はいなかった」と記し、完全に信じてはい

なかったようだ。

しかし、この伝説を疑っていたのは一部の人だけだった。動物寓話には、浮島となった巨大生物がたびたび登場する。たとえば、ピエール・ド・ボーヴェの寓話では「コヴィ」という海の獣が出てくる。「とても体が大きく姿はクジラに似ている」と書かれたその生物は、肌が海岸の砂のようなものに覆われているため、水兵たちは島と勘違いして背中に上陸し、杭を打ち込んで船を停める。それから木を探して、食事を用意しようと火を起こす。「背中に熱さを感じたこの獣は、停泊した船もすべて連れて海の底へと沈んでいく……。このように無信仰な人々、相手が悪魔の仲間だと気づかずに希望を託し、船員たちが船をつないだように悪魔の産物にすがりつく人々には死が待っている。永遠に地獄の炎で焼かれるのだ」

ギヨーム・ロンドレやピエール・ブロンといった16世紀の博物学者たちは、古代の記述や中世の動物寓話から離れ、より現実的な動物の姿をよく似た挿絵とともに紹介しようとした。だが、学問の対象からは外れたとはいえ、昔から語られてきた「怪物」の実在をめぐる調査が完全になくなったわけではない。同じく博物学者のコンラート・ゲスナーは、自身の著書でエイ、サメ、イルカ、ナガスクジラなどについて述べ、動物学上で必要なその頭蓋骨や胚について詳細な説明をしたあとに、人魚やトリトン、ヒッポカムポスといった伝説の生き物について何ページも割いている。そのうちケートスは、実在するイルカやクジラの仲間と考えられはじめ、伝説の動物というジャンルから離れていった。

POISSONS GÉANTS (CÉTAÇOÏDES)

巨大魚（クジラの仲間）

ケートスは浮島のように見える巨大生物。クジラに似ていると長年考えられてきたが、海洋学者はクジラとは別の巨大魚であると断定した。

こぶのあるケートス
胃には船の断片が入っている。

触鬚のあるケートス
島に間違えられた際の船の係留具がついたままになっている。

まつげのあるケートス
えらはクジラひげに似て、鰓孔の外側に垂れ下がっている。

ケートスの年齢
寿命はとても長い。
背中に新石器時代の
象牙の銛が刺さっているものもいる。

巨大ケートス
（*Cetus maximus*）
（世界の大洋）

教育博物館「モンストラリウム」、デロール（パリ7区、バック通り46番地）

ネス湖の怪獣

19世紀に行われた海に棲むドラゴンや蛇の研究は、結果として新しい学問である古生物学を飛躍的に発展させることとなった。中生代の海に生きた爬虫類、つまり恐竜が発見され、沖合で船乗りたちが目撃してきた生物のシルエットに名前や形が与えられるようになった。あらゆる大陸で巨大な生物の骨が発見され、それぞれの種が特定されていくことで、先史時代の恐竜やその他の巨大動物への関心が一気に高まった。恐竜たちが生きていたのははるか昔だが、完全に絶滅してしまったという証拠はどこにもない。人類がまだ足を踏み入れていない森林や海の底でひっそり生きているかもしれないのだ。

「ガチョウの翼から羽を
むしったかのような
1.5メートルのヒレ」があった。

いまや、人々はシー・サーペントを探そうとはせず、代わりに中生代のモササウルス、プリオサウルス、首長竜の生き残りを探している。恐竜愛好家たちは、水兵たちが目撃したかもしれない未確認の巨大動物を、証言にもとづいて化石と比較して分類している。そのなかのひとつに、細長くうねる蛇とは異なる、がっしりとした胴体に細長い首をもつ生物がいる。その「ネス湖の怪獣」が初めて報告されたのは1933年。蛇というより首長竜を思わせる姿だった。専門家たちは、6世紀にスコットランドのこの大きな湖の主だった生物に再びスポットライトを当てた。現地では、当時、アイルランドの修道士が、同僚を襲おうとした「海の獣」から逃げのびたという話が伝えられている。だがその後、この怪物がいったい何をしていたのかはわからない。なにしろ1000年以上も目撃されなかったのだから!

ひょっとすると、そのあいだこの怪物は海で目撃されてきたのかもしれない。1808年、ヘブリディーズ諸島を船でめぐっていた牧師ドナルド・マクリーンは、驚異的な大きさの生物に遭遇している。「大きい卵形の頭が体の割にはほっそりとした首で支えられている。肩といっていいのかわからないあたりにはヒレが見あたらない。体は尾に向かって細くなっているが、尾はつねに水中に隠れているため確認はできない」。もし蛇だとしたら、肩のような部位はないはずだ。海の生物の全体像が水面からは確認できないのと同じように、首長竜の4つのヒレが水中に隠れている可能性もある。さらに、こんな調書もある。「バークレイ博士や判事、学者たちが同席のうえ作成された調書」には、ヘブリディーズ諸島に近いオークニー諸島の海岸で船が座礁したこと、そして体長17メートル、胴囲5メートルの「怪物のような蛇」がいたことが記されている。この怪物もまた、蛇というより胴体の太い首長竜に近い。さらに「ガチョウの翼から羽をむしったかのような1.5メートルのヒレ」があったという。

1933年に報告されて以降、このネス湖の怪物の目撃者は後を絶たなかった。しかし、偶然撮影された写真はどれも期待外れのものばかり。最初の写真は1934年に撮られたものだったが、首長竜というよりはむしろ水面を漂うカモのようだった。音波探知機や潜水艦を使った調査が何度も行われたが、はっきりとしないエコー、原因不明の音波、ぼんやりとした影以外は何も見つかっていない。

MAMMIFÈRES (PSEUDOPINNIPÈDES)

哺乳類（疑似鰭脚類）^{プスドピンペッド}

「ネッシー」の愛称で呼ばれるネス湖の怪獣はアザラシやアシカに似た湖に棲む哺乳類。疑似鰭脚類はすべて北半球の大きな湖に生息している。

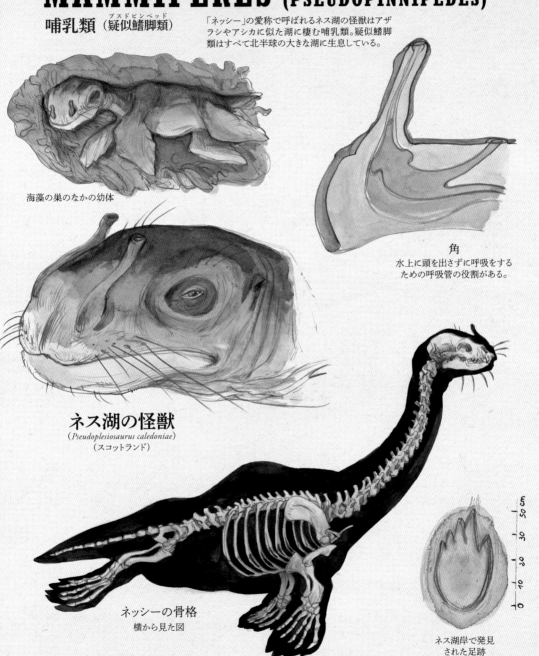

海藻の巣のなかの幼体

角
水上に頭を出さずに呼吸をするための呼吸管の役割がある。

ネス湖の怪獣
(*Pseudoplesiosaurus caledoniae*)
（スコットランド）

ネッシーの骨格
横から見た図

ネス湖岸で発見された足跡

LA SERRE

セール

中世の動物寓話には、どんな姿かよくわからない動物も登場する。セールは、ある話では「のこぎりのようなトサカで大型船の船腹を真っ二つにする魚」と描写され、別の話には「驚くほど大きく力強い鳥。ツルよりも速く飛び翼はカミソリのように鋭い」という説明がある。ほかにも単に「巨大な翼をもつ海獣」、「海に棲む翼を生やした怪物」、「大きなヒレをもつのこぎりのような生物」とだけ書かれた話もある。

おそらく古代から「セール（serre）」と「シ（scie）」の2種類の魚が混同されてきた。のこぎりを意味する「シ」は、のこぎりを背中に乗せているのか、鼻についているのかはっきりしない。

「翼を広げて海の上に立ち、船と速さを競うかのように飛び立つ」

同じようにセールも背中にのこぎりがある姿で描かれることもある。物語のテーマを語るうえで、のこぎりの場所は大して重要ではなかったのだろう。それよりも、翼とヒレのどちらが生えているのかがポイントだ。古代ギリシアでは「翼、羽、ヒレ」を意味する言葉はすべて「pter」で始まるため区別することはできない。いずれにせよ、魚であれ鳥であれ、セールには巨大な「翼かヒレのようなもの」があった。

ピエール・ド・ボーヴェの動物寓話のなかでは、セールは船を目にすると「翼を広げて海の上に立ち、船と速さを競うかのように飛び立つ」。しかしすぐに息切れし、船に距離を離されていく。競争をあきらめたセールは翼をたたみ海の奥底へと消えていく。この寓話には次のような教訓が含まれている。「船と競うセールは、善き行いを始めた人間が、欲望、慢心、淫欲など数々の悪に打ち負かされ、地獄に沈んでいく姿を表している」

動物学的な観点から論じれば、セールは並外れた大きさの空飛ぶ魚といえる。実在する魚類と比べると胸ビレがかなり長くて大きい。捕食者に追われたときは、そのヒレを使って水中でスピードを上げ、空を飛ぶという。この海と空を行き来する性質は重要なテーマをはらんでいる。多くの書き手が、どの海の生物も地上にはそれに似た動物がいるはずだと考えていた。ピエール・ド・ボーヴェは結局セールとは「地上で創られた動物に似た魚」だと締めくくっている。

歴史家のブノワ・ド・マイエは1748年に出版した『テリアメド』で、セールのもつ性質についてさらに掘り下げている。彼は、生命は海で誕生し、すべての地上の生物は海の生物の子孫であると主張する。空を飛ぶ魚については「空を飛ぶ鳥の先祖ではないとは言い切れない」と語る。彼の説によれば、飛ぶ魚のほとんどが岸に上がると飛ばなくなる。再び飛ぼうとした種の大部分は絶滅してしまったが、いくつかの種は生き残り、繁殖し、新種を生み出し、空を飛べる体へと進化したという。「1億種が空を飛べずに滅びたとしても、2種でも残っていれば十分ではないか」。これこそ初めて誕生した自然淘汰の考え方だ！　このような種の進化は聖書の教えに反する。ましてやブノワ・ド・マイエはそれを人間にも当てはめた。空飛ぶ魚が鳥類の起源であるなら、人間の起源も海にあるのではないか？　と。

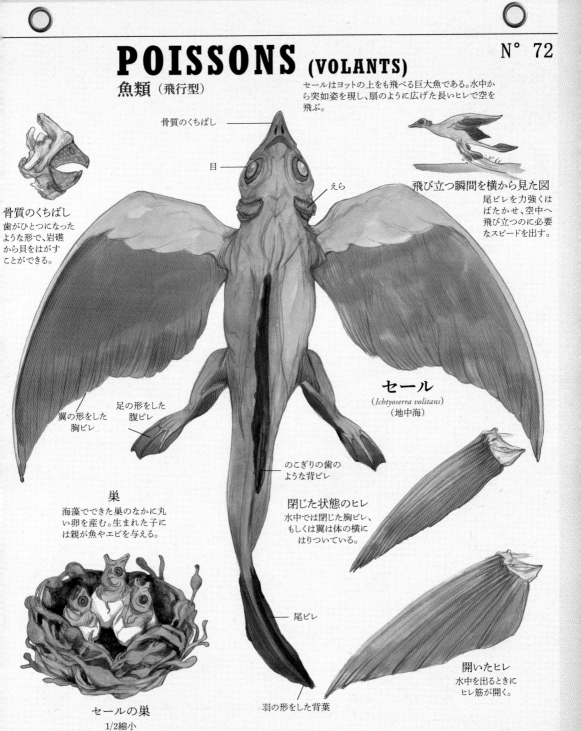

POISSONS (VOLANTS)
魚類（飛行型）

セールはヨットの上をも飛べる巨大魚である。水中から突如姿を現し、扇のように広げた長いヒレで空を飛ぶ。

骨質のくちばし

目

えら

飛び立つ瞬間を横から見た図
尾ビレを力強くはばたかせ、空中へ飛び立つのに必要なスピードを出す。

骨質のくちばし
歯がひとつになったような形で、岩礁から貝をはがすことができる。

翼の形をした胸ビレ

足の形をした腹ビレ

セール
(Ichtyoserra volitans)
（地中海）

のこぎりの歯のような背ビレ

巣
海藻でできた巣のなかに丸い卵を産む。生まれた子には親が魚やエビを与える。

閉じた状態のヒレ
水中では閉じた胸ビレ、もしくは翼は体の横にはりついている。

尾ビレ

開いたヒレ
水中を出るときにヒレ筋が開く。

羽の形をした背葉

セールの巣
1/2縮小

驚異の部屋「ミラビリエ」、デロール（パリ7区、バック通り46番地）

LA SCIE

長年にわたって博物学者たちは、「シ（scie）」は頭に「のこぎり（scie）」のような剣をもつと考えていた。プリニウスによると剣の長さは90メートル！　クジラのように水を噴き出す姿で描かれることもある。しかし、不思議なのは「シ」に似た実在のノコギリエイはイルカではなくサメの仲間なので潮を吹かない。16世紀にアンブロワーズ・パレが、ギニアの「ユテリフ」と呼ばれる魚の角について説明をした。長さはおよそ1メートル、平らなくちばしのようで先端は丸みがあり、両側には2列の鋭い歯が並ぶ。この角は珍品陳列室にも展示されていた。

> のこぎりのような角を
> シー・サーペントの舌のような
> ものだと考える者もいれば、
> ユニコーンの角の代わりに
> 解毒剤として使う者もいた。

シー・サーペントの舌のようなものだと考える者もいれば、ユニコーンの角のように「毒のある動物から咬まれたり刺されたりしたときの解毒剤」として使う者もいた。その角については知られていても、生物としての全体像は謎のままで、ヴィヴェル、エペ、エスパドンなどさまざまな名で呼ばれ、メカジキのように剣をもつほかの魚と混同されることもあった。

博物学者たちは、船乗りたちの話をもとにこの生物の生態を研究した。ヨハン・アンダーソンは1754年の著書『アイスランド博物誌［*Histoire naturelle de l'Islande*］』で、シに遭遇したクジラを見たときの驚きを記している。「その巨体にもかかわらず、クジラはシの姿を目にした途端、驚くほど飛び上がり、動揺していた」。また、博物学者ラセペードは次のように記している。「シはクジラに闘いを挑む。その様子から長く硬い剣がどれほど強力かわかるだろう。まるで長年の恨みでもあるかのように果敢にクジラに向かっていくのだ。すばやく力強い動きで水面を飛び出し、落下しながらのこぎりのような剣をクジラの背中に振り下ろす。クジラがその強力な尾ビレで致命的な一撃を与えようとしても、シはすばやく身をかわす。シから受けた傷があまりに深いと、クジラが出血多量で命を落とすこともある」

実在のノコギリザメが海底で暮らし、魚を食べていることを考えると、この話はいささか突飛に聞こえる。相手がどんなに小さくても、ノコギリザメがクジラを襲うとは考えられない！　しかし話の続きには、新たな情報が含まれている。「シはクジラの舌を食い荒らすと満足し、巨大なクジラの死体はある意味船乗りたちの収穫となる」。この行動はむしろシャチを思わせる。種明かしをすれば、シの武器であるのこぎりはオスのシャチの高くすらりと伸びた背ビレのことだった。遠くから見るとノコギリザメのくちばしのように見えたのだろう。クジラが逃げた話や、シの群れがクジラを襲う話は、すべてシャチのことだったと考えれば納得がいく。

カナダのセントローレンス湾にも釣り船がシに襲われたという話が残っている。その怪物は背中に剣をもち、釣り船の下を通りながら船体を真っ二つにしたという。現地では「シグウィン（sciegouine）」と呼ばれ、その名は「手びきのこぎり（scie égoïne）」に由来していた！　また、船乗りからすれば恐ろしいのこぎりでも、間近に遭遇していない人からは別の物に見えたようだ。「両側に歯のあるクシのようなかたち、さらに言えば、庭師や農民が使う熊手に似ている。博物学者のなかにはのこぎりを持ったサメのことを『ラトー（熊手）』『ポルト・ラトー（熊手をもつもの）』と呼ぶ者もいる」

POISSONS (ERGALIFORMES)

魚類（道具の形）
エルガリフォルム

シは道具の形をしたエルガリフォルムの一種でサメに似た巨大魚。かつては船体をのこぎりで切るといわれ、今では非常に数が少なくなっている。

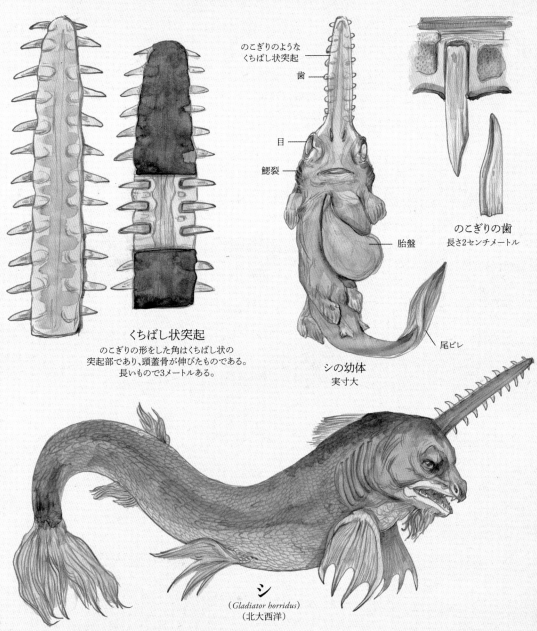

のこぎりのような
くちばし状突起

歯

目

鰓裂

胎盤

尾ビレ

のこぎりの歯
長さ2センチメートル

くちばし状突起
のこぎりの形をした角はくちばし状の
突起部であり、頭蓋骨が伸びたものである。
長いもので3メートルある。

シの幼体
実寸大

シ
(*Gladiator horridus*)
（北大西洋）

驚異の部屋「ミラビリエ」、デロール（パリ7区、バック通り46番地）

LE CRABE GÉANT

巨大ガニ

騎士の重たい鉄の鎧をまじまじと眺めた後に、すぐさま自然史博物館に行って甲殻類の鎧を見ると、人間の技術が哀れに思えてくる」。歴史家ジュール・ミシュレはカニのもつ武器のすばらしさに驚嘆し、感動すら覚えていた。「強力なはさみ、鋭い槍、鉄をもかみ切る顎、矢が突き出た鎧………。敵に抱きつくだけで1000本の矢を突き刺すことができる。自然の恵みのよってカニはこれほどまでに巨大化した。いったい誰がそんなカニに立ち向かえたというのだ?」。ただし、この平和な日常の世界ではカニが1メートルを超えることはめったになく、人の姿を見るとすぐに隠れるか逃げてしまう。しかし、博物学者の大聖アルベルトは「西洋の海には怪物のようなカニが存在し、手足で人間をはさんで海に沈める」と断言している。

> 「強力なはさみ、鋭い槍、
> 鉄をもかみ切る顎、矢が突き出た鎧……。
> 敵に抱きつくだけで
> 1000本の矢を突き刺すことができる」

この記述に影響を受けたのか、1813年、作家アントワーヌ・ド・サン=ジェルヴェがマリオン船長の悲惨な運命について記した。「船長が船から降りて岸に足を着けた途端、海からすさまじい大きさのカニが現れて船長に襲いかかった。カニは船長の体をはさみで真っ二つにし、そのまま食べた。助けることなど不可能だった」。この逸話は歴史家たちからは完全に忘れられていたが、彼はそこに、巨大ガニに食べられたというもう1人のフランス人の話をつけ加えている。その話はオランダの地理学者コルネリウス・ド・パウが40年前に書いたものとよく似ている。どちらの記述も1605年に有名な航海者フランシス・ドレイクの身に起きた出来事が語られている。「ドレイク

船長はアメリカのクラブ・アイランドに上陸するやいなや、この生き物に取り囲まれた。船長がどれだけ武装していても、どれだけ抵抗しても無意味だった。その生き物の正体はカニの怪物だ。私の知るかぎり、世界最大のカニである。はさみで船長の手足や頭を切り、骨まですべて食いつくした」。しかしこれは事実ではない。ドレイク船長は1596年、55歳のときにスペイン艦隊と戦っていたパナマ沖で、赤痢が原因で亡くなっている。この巨大ガニの話の出どころは1756年に当時の英国人を大いに笑わせたジョークだった。医師ルイ・アルノー・ド・ノーブルヴィルが、科学アカデミーの会員であるドイツ人医師ジャン=ミシェル・フェールから聞いた話として広め、フェール自身は植物学者シャルル・ド・レクリューズの著書で読んだと語っている。つまり、すべてがまったくのでたらめである。植物学者レクリューズは著書のなかでフランシス・ドレイクの名を挙げてはいるが、それは単に異国の植物の種を持ち帰ってきてくれたことへの感謝だった。カニについての言及もあるが、それはヤシガニのことだ。インドネシアのモルッカ諸島には、あまりにヤシガニが多いことから船乗りたちによって1579年に「クラブ・アイランド」と命名された島がある。ヤシガニは数が多く、食べると美味しく、どう見ても巨大ではない。

日本のタカアシガニ(*Macrocheira kaempferi*)は、発見されているカニのなかで最も大きく、世界最大の節足動物だ。すべての足を広げると(自然な姿とは言えないが)3.8メートルにもなる。爬虫類は息を吸いに水面に上がってくる姿をひんぱんに目撃されるが、カニは海底に潜んで暮らす生物だ。もっと巨大な別種のカニが深海の暗闇をゆったりと歩き回っていてもおかしくはないのだ。

CRUSTACÉS (MACRODÉCAPODES)

甲殻類（<ruby>巨大十脚目<rt>マクロデカポッド</rt></ruby>）

怪物のように巨大なカニやエビはマクロデカポッドの一種であり、ダイバーたちから恐れられている。はさみのついた強力な手で潜水士のヘルメットを握りつぶすことができる。

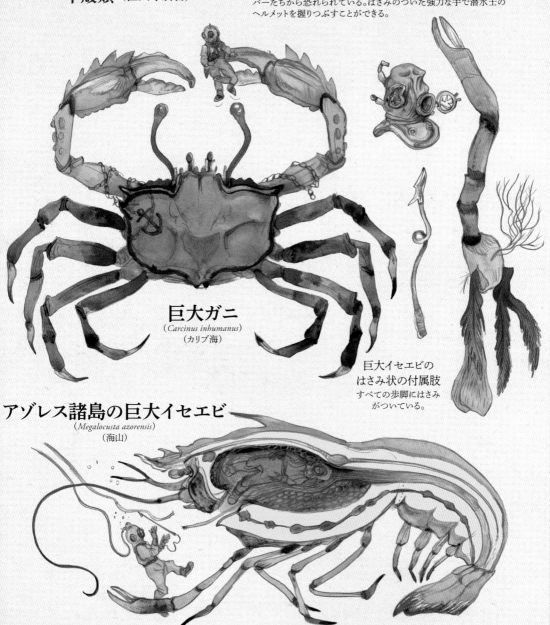

巨大ガニ
(*Carcinus inhumanus*)
（カリブ海）

巨大イセエビの
はさみ状の付属肢
すべての歩脚にはさみ
がついている。

アゾレス諸島の巨大イセエビ
(*Megalocusta azorensis*)
（海山）

驚異の部屋「ミラビリエ」、デロール（パリ7区、バック通り46番地）

LE CHEVAL DE MER

ヒッポカムポス

博物学者ギヨーム・ロンドレにとって「海に棲む馬」といえば、ありふれた小さな魚、タツノオトシゴ（hippocampe）のことだ。その名前について、小さな尾を海藻に巻きつけることからカーブを意味する「kampè」に由来するのか、それとも、小さな体から毛虫を意味する「kámpè」に由来するのかはわかっていない。名前の頭の「hippo」はギリシア語で「馬」を意味し、これは間違いなく首のあたりが馬を思わせるからだろう。首のような部分から頭が垂直に立っているのだ（魚には肩も腕も首もないが……）。大洋の大波に立ち向かい、海の神ネプトゥヌスを乗せた馬車を引く本物の海の馬、ヒッポカムポスのルーツがタツノオトシゴにあるのかは不明だ。

> 「ひづめは牛のように先が分かれ、
> 陸でも海でも草をはむ。
> 尾は魚の尾ビレのように
> 枝分かれしている。
> 牛ぐらいの大きさまで成長する」

ルネサンス期の博物学において、ヒッポカムポスはむしろカバ（hippopotame）に近い動物と考えられていた。カバはギリシア語の「hippo（馬）」と「potamos（河）」、つまり「河の馬」を意味するのだが、この名はさまざまな混乱を招く原因となった。地理学者のレオ・アフリカヌスはカバを「海の馬」と呼び「ナイル川とニジェール川に生息し、大きさはロバぐらい。馬の姿をしているが、体毛のない肌は硬くて頑丈。水中でも地上でも過ごす」と説明している。ピエール・ブロンは、カバとクジラが「どちらも体がとても大きく、子どもを産む」ことから両者を結びつけて考えたが、ヒッポカムポスには興味をもたなかった。それどころか、古代の書き手たちの創作を不満に思っていた。ブロンによると、この突飛な動物ヒッポカムポスは、海で遭難した人がイルカに乗って無事に帰ってきたという伝説から生まれたという。「君主たちが、地上でも海上でも偉大な力をもつことを誇示するため、陸と海の最も優れた動物を好きなように合体させ、半身が馬、半身がイルカの動物をつくり出したのだ」と書いている。

一方でアンブロワーズ・パレは、実在すると言われてきたさまざまな驚異的な生き物についてブロンのようなためらいはなかった。極端な懐疑主義は、神の創造した世界を疑うことになりかねない。だからこそパレは迷うことなく「ヒッポカムポスは頭、たてがみ、上半身が馬の姿。大西洋で目撃されている」と記している。彼の著作『怪物と驚異』では、伝説のビショップ・フィッシュ（海の司教）とイトマキエイ（海の悪魔）のとなりにヒッポカムポスを並べて紹介した。体が大きく、ひづめの代わりにヒレがある以外は前の部分は地上の馬に似ている。後ろの部分は魚かイルカ、どこか蛇のようにも見える。羽毛の束のような尾は、半分が魚のヒレ、半分が馬のたてがみから成っているという。このパレの記述は、古代の硬貨や中世の動物寓話で描かれるヒッポカムポスの典型的な姿である。

この海の馬は地中海では存在が確認されていないが、北方の海には生息しているかもしれない。凍てつく海にはシー・サーペントやクラーケンなどたくさんの怪物が棲んでいる。地理学者のオラウス・マグヌスは「ヒッポカムポスはイギリスとノルウェーのあいだに広がる海で何度も目撃されている。馬の頭をもち、馬のようにいななく。ひづめは牛のように先が分かれ、陸でも海でも草をはむ。尾は魚の尾ビレのように枝分かれしている。牛ぐらいの大きさまで成長する」と記した。それでもまだ、この生き物の正体をつかむことはできない。なぜなら、この著者が言うように「めったに捕獲できない」からである。

海の哺乳類

ヒッポカムポス（海の馬）はヒドラエキデ科の哺乳類である。遠くからしか観察できなかった古代の博物学者たちは「海の蛇」と呼んだ。頭蓋骨はオカピやアンテロープに近い。

魚形の尾ビレ

尾ビレ、または尾には魚に似たヒレ筋があり、これによって水中を自由に動き回ることができる。

胸椎

移動

「海の蛇」とも呼ばれるヒッポカムポスは哺乳類である。イルカやラッコのように垂直方向にうねるが、蛇のように水平方向にはうねらない。

ヒッポカムポス

（*Hydraequus victoriae*）
（世界の大洋）

頭蓋骨を横から見た図
1/3縮小

驚異の部屋「ミラビリエ」、デロール（パリ7区、バック通り46番地）

海の怪物

ル ネサンス期、博物学者たちは現実世界を知るための最初の情報源として、観察の大切さを再発見した。動物の特徴を正確に記述し、すぐにその動物だとわかるような挿絵を描く。中世ではほとんど見られなかったことだ。それでもなかには、船乗りたちの驚くような逸話にこだわり、ありえないような動物や伝説の鳥、恐ろしい魚について語りつづける者もいた。

「カメの甲羅に生えているような
カビに覆われたアザラシ」かもしれない。

　ルネサンス期を代表する地理学者、オラウス・マグヌスは、ある奇妙な動物について次のように記している。「1537年ゲルマン海（現在の北海）で捕獲され、姿はどこをとっても怪物そのもの。頭は豚、後頭部は半月状に盛りあがっていて、4本の足はドラゴン。目は腰の両側にひとつずつ、へその下あたりにもひとつある」。この特徴から博物学者のコンラート・ゲスナーは半豚半ハイエナの姿を想像し、馬の耳をもつ「クジラ目のハイエナ」ではないかと考えた。さらにそこにアンブロワーズ・パレが「体長は22メートル、肝臓は巨大で酒樽5個分はある」とつけ足した。そのうえ、商人たちが謎の生物のかけらを売ってくれたおかげで、目撃証言はますます信憑性を増していった！　また、地理学者のアンドレ・テヴェはエジプトとシリアのレヴァント地方で見た別の怪物について次のように書いている。「アラビア海で『オラブ』と呼ばれる魚を目撃した。体長は3メートル前後。大きさは個体によって異なるが、味は年老いたラクダかリヴォニアの犬のようにかなりまずい。食欲をそそる見た目でもなく、食べたら消化不良を起こす」。挿絵には鱗のある四足動物が描かれ、頭は魚というよりトラを思わせる。

　フランシスコ会の修道士でもあったテヴェは多くの批評家から信じやすい無知な人物だと思われていた。驚異的な生物を知ったときの感激ぶりは大変なもので、「サルマティア海（現在のバルト海）のカタツムリ」に関しても「酒樽のように大きく、シカのような角をもち、枝分かれした角の先には真珠のように丸くてつやのある小さな突起がついている。太い首、ロウソクの炎のように輝く大きな目。鼻は丸みがあり、猫の鼻のように周囲に少し毛が生えている。口は大きく裂け、その下の肉がいきなり垂れ下がっていて、ありえないほど醜い。鉤状に曲がった大きな4本の手足は金づちで打たれたように平たく、カラフルなトラの尻尾のような尾とともにヒレの役割を果たす」とまで書いている。サルマティア海のカタツムリは解釈が分かれる生き物で、ほかの記述によると「大きなアンモナイトの化石に想像上の殻をつけたもの」、もしくは「カメの甲羅に生えているようなカビに覆われたアザラシ」かもしれない。それでもやはり一番の驚きはテヴェによる解説で、このカタツムリの体は薬として効果があり、そのうえ「非常に繊細で、楽しい味だ」だと書いたことだろう。

　最もぞっとする見た目の海の生物は、おそらくアンブロワーズ・パレが紹介した名もなき怪物だろう。当然のことながら言い伝えをもとに描かれた挿絵によると、姿はほぼ円形で足は12本、目は4つ、耳は4つ、尾は1つ。パレは次のように告白している。「これほどたくさんの目と耳と足をもち、それぞれを交互に使える怪物を見て驚かない人がいるだろうか？　実際に私も気が動転し、言葉を失った。これが自然の摂理だと言うのなら、その偉大な作品に感服するのみである」

FOSSILES MARINS (TERRAINS QUATERNAIRES)

海の化石（第四紀）

化石には先史時代の動物の姿をよみがえらせる力がある。第四紀のものから最近のものまで、人類の祖先とともに暮らしていた動物の姿を化石から知ることができる。

サルマティア海のカタツムリの殻
（アプチアン期）

化石

サルマティア海のカタツムリ、ゲルマン海の豚、オラブの化石はアラビアで発見され、第四紀更新世カラブリアン期のものである。これらの種は間違いなく有史時代まで生息していた。

ゲルマン海の豚の歯
（チバニアン期）

サルマティア海のカタツムリ
（*Macrolimax sarmaticus*）復元

ゲルマン海の豚
（*Hydrosus teutonicus*）復元

オラブ
（*Foetidus nauseabilis*）
オラブは中世の寓話にも登場し、カラブリアン期のほぼ全身の化石が発見されている。

無名の怪物

アラブ系遊牧民は偽の化石を製作し、観光客をだまして売っている。この怪物が実在していたとは考えにくい。

驚異の部屋「ミラビリエ」、デロール（パリ7区、バック通り46番地）

BÊTES HUMAINES

人のような動物

セイレーン

司祭バルトロメ・デ・ラス・カサスによると、コロンブスは「海の上に立つセイレーンを3度、目の当たりにした。それまでに描かれていたほど美しくはなかったが、顔はどこか人間のようだった」と述べていたという。もしそれが実在のマナティーだったとしたら、この「どこか」という言葉が大きな意味をもってくる! 近くで見ると、マナティーの顔は太い円柱のように前に垂れ下がっている。灰色の肌にはしわが寄り、硬い体毛が逆立っている。この動物を正面から見たら、きっと雌牛とブルドッグのかけ合わせだと思うだろう!

ポルトガルでは「女性魚」を意味する「peixe mulheres」と呼ばれ、誰もが普通の動物だと信じて疑わなかった。

イエズス会士のピエール・ド・シャルルヴォワはマナティーとセイレーンを混同していた。「マナティーはほかの生物に比べて視力がいいが、歌を歌うとは聞いたことがない。ただ、陸に引き上げられた際に涙を流して嘆き訴えたという。そこからフランス人は『警笛、サイレン』を意味する『セイレーン（sirène）』と名づけた。その姿は少しも美しくない」。マナティーのメスの乳房は妊娠中や授乳期には膨らみが増す。しかし、わきの下に隠れているため、授乳する姿を見ても赤ん坊が母親のヒレをかじっているようにしか見えないだろう。そして、そもそも水面には少ししか頭を出さないので、人間が授乳の様子を見ることはできない。

古代から、船乗りたちはセイレーンのような動物を知っていた。アフリカの大西洋岸ではラマティーを、インド洋ではジュゴンを目撃していたはずだ。ポルトガルでは「女性魚」を意味する「peixe mulheres」と呼ばれ、誰もが普通の動物だと信じて疑わなかった。彼らにとって、マナティーは食用の動物だったのだ。「肉の味や内臓の形は豚に近い。モルッカ諸島には乳房と顔が女性に似た別種のセイレーンがいて、雄牛のような味がするという」。シャルルヴォワによると、コロンブスが勘違いしたのは「自分の旅をもっと有名にするような驚くべき逸話を求めていた」からだという。航海者たちには古代に記された怪物を自分の目で見てみたいという思いがある。だからこそコロンブスは、西インド諸島にセイレーンがいると信じ、実際にその姿を目にしたのだろう。

本当の顔が牛の鼻面に近いと判明する前は、セイレーンはまったく違う姿をしていた。動物寓話での姿もさまざま。半女半魚のこともあれば、ギリシア神話のように半女半鳥で描かれることもあった。たいていのセイレーンは歌を歌い、いろいろな楽器を奏でる。「その調べはあまりに楽しげで、セイレーンが近づいていることに誰も気づかない。セイレーンが近づくと男は眠りに落ち、そのまま殺されるのだ」。哲学者のリシャール・ド・フルニヴァルは、この魅惑的な歌声のセイレーンを愛する女性になぞらえ、次のように語った。「愛しき人よ、私の愛があなたに重くのしかかっていることでしょう。この心痛をお伝えしてからというもの、あなたは私を避けている。この苦しみは死に値する! その魅力で私を誘惑しておきながら、あなたは私を裏切り、この愛を拒んだのだ」。男を裏切るセイレーン、セイレーンを信じる男、そのどちらが罪深いのかと男は思い悩む。だが、相手が受け入れないとしても次のような選択肢もある。「私はセイレーンの歌声を聞いた男たちのように、あなたの甘い言葉で眠りについたりはしない。その美しい言葉を信用したら、私はまもなく命を落とすことになるのだから」

LA SIRÈNE

セイレーン

セイレーンやセイレーンのような姿をした動物は海の哺乳類である。上半身は人間、下半身は鱗のある魚の尾になっている。誘惑して水中に引き込んだ船乗りを食べる。メスが狩りをするためオスの人魚トリトンはめったに目撃されない。

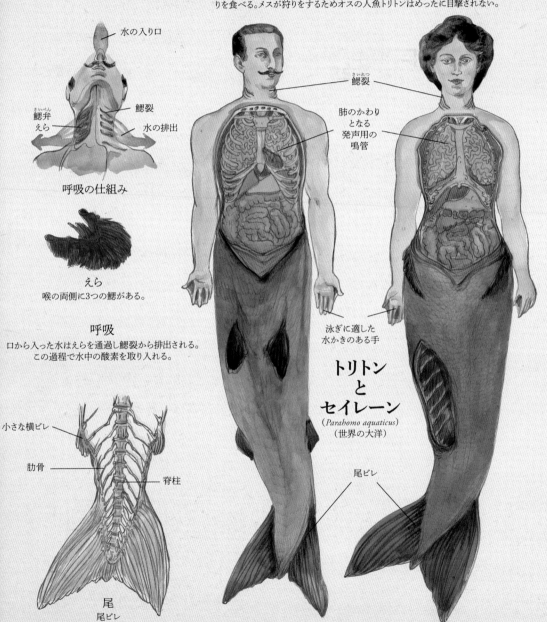

水の入り口

鰓裂

鰓弁（さいべん）
えら

水の排出

呼吸の仕組み

えら
喉の両側に3つの鰓がある。

呼吸
口から入った水はえらを通過し鰓裂から排出される。
この過程で水中の酸素を取り入れる。

小さな横ビレ

肋骨

脊柱

尾
尾ビレ

鰓裂（さいれつ）

肺のかわり
となる
発声用の
鳴管

泳ぎに適した
水かきのある手

トリトン
と
セイレーン
(*Parahomo aquaticus*)
（世界の大洋）

尾ビレ

驚異の部屋「ミラビリエ」、デロール（パリ7区、バック通り46番地）

さまざまなトリトン

甘い歌声で男を誘惑するようにみせかけ、実際は食べてしまうセイレーンの話は置いておこう。詩人たちの空想の産物はすべて忘れよう。私は証明された事実だけを取り上げ、同時代の学者や彼らの研究だけに注目する」。もともと人間は海に棲んでいたのではないか、という自らの考えを裏づけるため、歴史家のブノワ・ド・マイエはこう語って読者を説得しようとした。彼はトリトンやセイレーンを目撃したという船長やイエズス会士や有力者など信頼できる人々の証言だけを取り上げた。彼らによると捕らえられたセイレーンが君主に献上されることもあったという。しかしどれだけ貴重な証言があっても、実物を上回る証拠はない。船乗りたちは、港で売られているマッコウクジラの歯やカメの鼈甲（べっこう）、怪物やセイレーンの姿をした乾燥したエイを買って帰ってきた。そしてマイエは結局、目の前の事実に屈することになる。港で売られていたセイレーンは、魚の尾をもつ美しい女性ではなく、中世の動物寓話で描かれたような「頭からへそまで小さな女性の姿をした不吉な生物。恐ろしい顔をして長い髪が逆立っている」という姿だったのだ。

頭と腕は人間のように見えるが、鋭い鉤爪があり下半身は魚だった。

その文章は、船乗りのサミュエル・バレット・イーズが1822年にバタヴィア（現在のジャカルタ）で5000スペイン・ドルで買ったセイレーンを描写したものだ。約1メートルの褐色のミイラで、頭と腕は人間のように見えるが、鋭い鉤爪があり下半身は魚だった。イーズは隅々までそのミイラを調べたが、女性と魚を縫い合わせたような跡は見られなかった。本物のセイレーンだったのだ！　このミイラを買うために彼は乗ってきた船を売り、別の船でイギリスに向かった。南アフリカのケープタウンに寄港した際には、そのミイラを地元の住民に公開した。現地の神父フィリップ博士は、解剖学にもとづいて詳しく調べ次のように告白した。「セイレーンは伝説の生き物だとずっと思ってきたが、その思いは吹き飛んだ！」

その年の9月、ロンドンに到着したイーズは、エジプシャン・ホールでの展示の準備に取りかかる。念のため、動物解剖学者のサー・エヴァラード・ホームに頼んで助手のウィリアム・クリフトにそのミイラを調べさせた。正式な調査結果は「魚の半身を縫い合わせたヒヒ」だった。しかしイーズは、この結果を公にしないように約束させ、展示を強行した。博物学者たちは大いに疑いの目を向けたが、なかには「博物学の新時代の到来だ！」と興奮する者もいた。結局、何千人もの客が1シリングを払ってそのミイラを見に訪れた。大成功を収めたイーズだったが、船の購入代金を返済することはかなわず、数年後にはセイレーンのミイラは行方不明となる。それから20年近く過ぎた1842年、ニューヨークで興行師のフィニアス・T・バーナムが太平洋のフィジーで発見されたというセイレーンを展示する。イーズが持ち帰ったセイレーンと同じものか、はたまた双子の妹かはわからないが、姿はとても似ていたという。バーナムは「醜くやせ細り、肌はどす黒い。腕の形は悲惨な最期を迎えたことを表している」と書いている。

今では、人間がトリトンの子孫ではないことは明らかだ。だが、ブノワ・ド・マイエが想像したのとは別の形で、トリトンは地上に子孫を残しているかもしれない。驚異の部屋に展示されたトリトンやセイレーンを見ると、この小さな海の住民の姿から、かつては森に暮らしていた愛想のよい小さな妖精リュタンやゴブリンやトロールを思わずにはいられないのだ。

SIRÉNIFORMES

セレニフォルム　セイレーンに似たセレニフォルムは、動物学で謎の
グループである。釣り人たちが乾燥したエイでつくっ
た偽物セイレーンにだまされてはいけない。

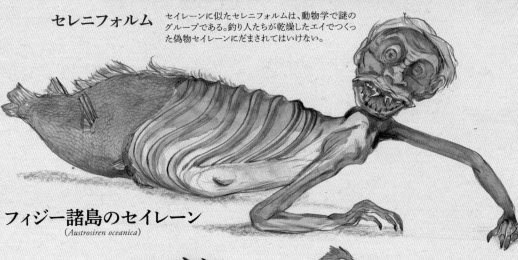

フィジー諸島のセイレーン
(*Austrosiren oceanica*)

日本のセイレーン
(*Microsiren nipponensis*)

ジェニー・ハニヴァー
偽のセイレーン（とげのあるエイ）
(*Raia radiata*)

海のワシ
偽のセイレーン
(*Myliobatis sp.*)

**バタヴィアの
セイレーン**
(*Microsiren bataviae*)

イエティ

1396年、ハンガリー王ジギスムントとオスマン帝国のスルタンであるバヤズィト1世との戦いの最中に、ヨハン・シルトバーガーという兵士がオスマン帝国側に捕らえられた。そのころ軍はタタール人の王子チェクルの助けで中央アジアに長期間滞在していた。シルトバーガーは自身の回想録のなかで、ある生き物を目撃したことを記している。「人間とは違う野生の姿。手と顔以外はすべて体毛に覆われ、野生動物のように山を駆け抜ける。葉や草、見つけたものなら何でも食す」。これはおそらく、のちにヒマラヤのイエティ、カフカスのアルマス、北アメリカのサスカッチやビッグフットと命名された生き物たちに関する初めての記述だ。イエティたちは、さまざまな地域の伝説や狩猟物語の主役となり、

イエティの歯の化石は中国の薬局でドラゴンの粉として売られていた。

話のなかでは人間に目撃されたり追われたりしている。また、家畜を盗み女性や子どもを連れ去るともいわれる。現在では未確認動物学における大きな研究テーマのひとつだ。そしてアメリカ版の大男ビッグフットは、エンターテインメント業界やさまざまな商品でおなじみの存在だ。魔力をもつこともあるイエティは、大きなサルが2本足で立った姿で描かれることもある。茶色か赤褐色の体毛にとんがり頭。目撃証言は数限りないが、説得力のある具体的な証拠は何ひとつ見つかっていない。探検の際に見つかった体毛はすべてクマか馬かバイソン（ビッグフットの場合）のものだった。また、発見された足跡はどれも一直線についていて、動物が移動したというより、泥の上に物を置いた跡のように見える。この毛で覆われた大男の正体については意見が分かれている。かつては「類人猿」という位置づけで十分だった

が、今は古人類学の進歩により人類の系統樹のどこに当てはまるかを考えなければならない。現在の人類が生き残る前は、地球上にはさまざまな種の人類が同時期に存在していたのだ。

イエティはネアンデルタール人の生き残りではないか、という説もあるが、ネアンデルタール人は原則的に中央アジアには生息していない。あるいは、最近発見されたデニソワ人の可能性もあるだろう。デニソワ人はシベリアのアルタイ山脈に住み、ひとつの集団の化石しか見つかっていない。しかし、研究者がネアンデルタール人やデニソワ人の遺伝子を調べたとしても、残念ながら比較するイエティの遺伝子が存在しない。ほかにも、さらにさかのぼって何十万年も前に絶滅したホモ・エレクトスの子孫の可能性もある。目撃証言を信じるならば、研究者たちの論点は、イエティやアルマスの荒々しい一面をどのように説明できるかがポイントとなっている。

ほかに考えられるのは、系統樹のもっと根元に位置する巨体の類人猿ギガントピテクスの子孫だという説だ。その系統はオランウータンに近く、約1600万年前に実在していた。イエティの証拠と言えば顎の断片と歯の化石ぐらいしか見つかっておらず、それも中国の薬局でドラゴンの粉として売られていたものだ。砲弾のような頭の形は、ゴリラと同じように頭蓋骨を支える筋肉が発達しているからかもしれない。しかし、立ち上がると3メートルはあるギガントピテクスだが、移動は四足歩行だった。四足歩行のイエティはほとんど報告されておらず、さらにこの種は20万年から30万年前に絶滅したと考えられている。

残された可能性は、未確認動物学者が好みそうな展開だ。過去にはさまざまな種のイエティやアルマスが存在し、それぞれが上で述べたような説に当てはまるのではないか？　というものだ。科学的に考えても最も面白い説だが、最もありえないような話だ！

哺乳類（霊長目）

イエティはヒマラヤに生息する人の姿をした二足歩行の哺乳類である。
身長3.5メートルの大イエティ（下記）と子どもぐらいの身長の小イエティの2種類がいる。

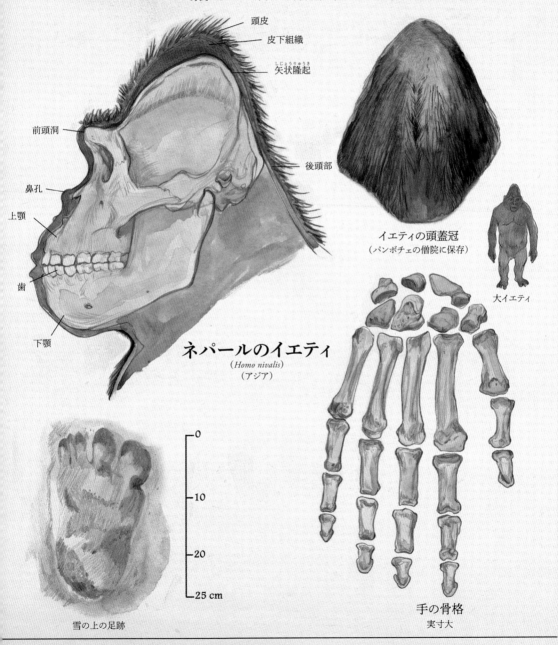

頭皮

皮下組織

矢状隆起
<ruby>矢状隆起<rt>しじょうりゅうき</rt></ruby>

前頭洞

鼻孔

上顎

歯

下顎

後頭部

ネパールのイエティ
(*Homo nivalis*)
（アジア）

イエティの頭蓋冠
（パンボチェの僧院に保存）

大イエティ

手の骨格
実寸大

0
10
20
25 cm

雪の上の足跡

驚異の部屋「ミラビリエ」、デロール（パリ7区、バック通り46番地）

LES HOMMES-SINGES

猿人

16 98年4月、解剖学者のエドワード・タイソンがロンドンでイギリス初のオランウータンの解剖を行った。その数か月後、「小型猿、大型類人猿、ヒトと比較したオランウータンかホモ・シルヴェストリス、またはピグミーの解剖」と題して研究結果を発表した。当時、類人猿はほとんど知られていなかったため、複雑ではっきりとしないタイトルになっている。タイソンはいったい誰を解剖したのだろう？　というより、何を解剖したのだろうか？　その記述と挿絵を見れば、その動物がチンパンジーであることはすぐにわかる。当時は、大型のサルはすべてマレー語の「森の人」を意味する「オランウータン」と呼ばれていた。タイソンは次のように述べている。「解剖したこの動物はヒトに非常に似ている。ホモ・シルヴェストリス、野生の人、オランウータン、森

とても背が低く、全身は毛に覆われている。「大食いおばあさん（エブゴゴ）」と呼ばれるその動物は2本足で立ち、木々のあいだを軽々と移動するという。

の人……。サテュロスだと主張する人もいるが、実際そうした小さな人類の一種かもしれない」。そして彼は2つのリストを提示する。ヒトと彼がいうところのオランウータン（実際はチンパンジー）の相似点は48か所、相違点は34か所。明らかにサルだが、ほかのサルより人間に近いと結論を出している。彼にはその動物が、古代に記されて以来目撃されていない小さな人ピグミーに思えたのかもしれない。

18世紀の博物学者たちはサルを分類しようと試みた。だが、十分な観察結果は得られず、研究者によって呼び名も異なっていた。ポンゴ、ジョコ、オランウータン、チンパンジー、バリス……。そしてリンネのつけた科学的な専門用語も忘れてはいけない。ホモ・シルヴェストリス（森に住む

人間）、ホモ・ノクチュルヌス（夜行性の人間）、ホモ・フェルス（野生の人間）。どれも、ヒトではない動物なのだろうか？　それらの動物と接した人々の証言を聞くと余計にわからなくなってくる。証言によると、その森に住む人はまるで「異国から移住してきた人々」のようであり、彼らが言葉を話さないのも「強制的に働かされるのを恐れている」からだという。挿絵には衣服を着て、棒などの道具をもったヒトに近い姿が描かれている。博物学者のビュフォンはそういった動物たちを「野生の人」とは呼ばなかった。「野生の人という呼称は好きではない。その生き物を未開の地の野蛮人のように扱って、比較する必要などないと言っているようなものだ」。一方で博物学者ジャン＝バティスト・ロビネは「オランウータンはヒトでないが、きわめてヒトに近い。サルとヒトのあいだをつなぐ種と考えられる」と述べている。進化論の発想まであと一歩のところまで来ていたのだ！

2003年、オーストラリアとインドネシアの研究チームがインドネシアのフローレス島で新種の原人ホモ・フローレシエンシスの化石を発掘した。身長は1メートルに満たず、頭の形はホモ・エレクトスの一種であるジャワ原人と似ている。脳の容積は約380立方センチメートル、チンパンジーの脳の容積に近いが、彼らは古代の人類と似たような道具を使っていた。さらに驚きなのは、ホモ・エレクトスが30万年以上前に絶滅したのに対し、ホモ・フローレシエンシスの骨の化石の年代はわずか1万2000年前のものだった。

現在フローレス島に住むナゲ人は、島には人の姿をした生き物がひっそりと暮らしていると語る。とても背が低く、全身は毛に覆われている。「大食いおばあさん（エブゴゴ）」と呼ばれるその動物は2本足で立ち、木々のあいだを軽々と移動するという。食欲旺盛で小さな豚を丸のみする、といった逸話のいくつかは想像によるものだろうが、それでも実在したホモ・フローレシエンシスとの関連を考えずにはいられない。もしかすると、この森で暮らした小さな人間は、我々が思うよりずっと長く生き残っていたのではないだろうか？

HOMME SYLVESTRE

ホモ・シルヴェストリス

ホモ・シルヴェストリス、または森の人はホモ・サピエンスに近い種である。
ほぼ2足で歩行し、チンパンジーとヒトのあいだをつなぐ存在かもしれない。

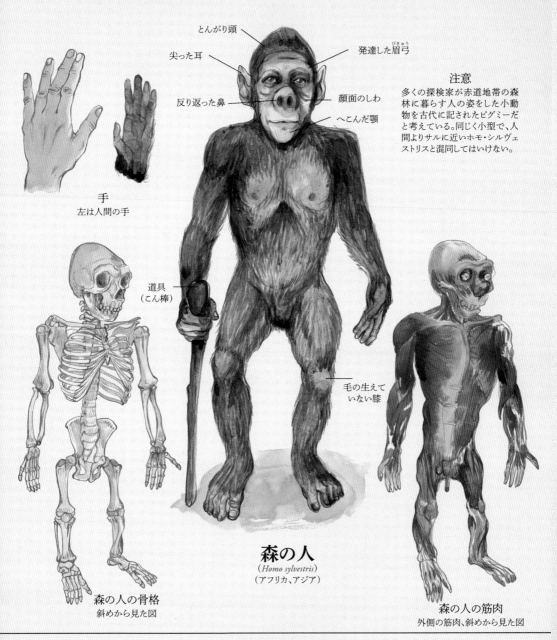

とんがり頭

尖った耳

発達した眉弓（びきゅう）

反り返った鼻

顔面のしわ

へこんだ顎

注意

多くの探検家が赤道地帯の森
林に暮らす人の姿をした小動
物を古代に記されたピグミーだ
と考えている。同じく小型で、人
間よりサルに近いホモ・シルヴェ
ストリスと混同してはいけない。

手
左は人間の手

道具
（こん棒）

毛の生えて
いない膝

森の人の骨格
斜めから見た図

森の人
(*Homo sylvestris*)
（アフリカ、アジア）

森の人の筋肉
外側の筋肉、斜めから見た図

デロール（パリ7区、バック通り46番地）

動物の姿をした人間

　古代と中世の地理学者は、人間に近い種や最も遠い種について記述したあと、存在する可能性は低いものの、いかにも本当のように思える伝説の動物を取り上げるのも忘れてはいなかった。馬の足をしたヒポポデス、山羊の足と角をもつサテュロスにかなり近いアイギパン、半人半犬のエミシン、犬の頭をもつキュノケファロス、毛深くて「言葉を話す代わりに鋭い金切り声をあげる」コロマンド、木に登る四足歩行のキマントポッド。こうした多くの動物のなかで、キュノケファロスは実在のヒヒを思わせるが、それ以外は怪物のかけ合わせや別種の動物を合体させたようにも思える。ギリシアの哲学者エンペドクレス（紀元前490-435）は次のよ

「地球上にはたくさんの首のない頭が
生まれ、肩のないむき出しの腕が
漂っていた。（…）それらが偶然に
出会い結びついてきた」

うな説を唱えた。「地球上にはたくさんの首のない頭が生まれ、肩のないむき出しの腕が漂っていた。そして額のないさまよう目も……。それらが偶然に出会い結びついてきた。多くの生物は顔と胸をもち、さまざまな方向へ変化していった。人間の顔をした牛の子孫がいれば、逆に牛の頭をもった人間の子孫も誕生した」。そのなかで栄養を摂り、子孫を残し、集団を形成できた種だけが生き残ってきたのかもしれない。

　紀元前1世紀のルクレティウスは、そんなエンペドクレスの考えは馬鹿げていると否定した。「半人半馬のケンタウロスは実在しなかった。どんな時代であれ、2つの体が組み合わさり2つの性質をもった混合の生物は、それぞれの機能が調和しないかぎり生きることはできない。知性が足りない人間は簡単に信じるかもしれないが」。この発想は、それから18世紀が過ぎたキュヴィエの考えと通じている。「どの生物も生きるのに必要な要素で成り立っている。ひとつの器官に大きな変化が生じれば、その他の器官もあわせて変化する。鳥はすべての部分において完全に鳥であり、それは魚でも昆虫でも同じだ。その中間にあたる生物は存在しない」

　一方で博物学者のジャン＝バティスト・ロビネのように真逆の発想をもつ者もいた。「怪物は必然的かつ本質的にこの生物の世界に属している。ひとつの種から別の種への移行は、混乱を招くどころか物事の秩序を生み出している。生命の始まりにおいて、怪物よりすべてが整った生物の方が多かったなどと誰が言えようか？　怪物は、より機能的な生物に場所を譲りながら絶滅していった。しかし完全に姿を消したわけではない。我々はそういった生物が復活した姿をたびたび目にするだろう」

　昔から、実在するのか謎のままかという問題を超えて、それぞれの生物の意味が問われてきた。神学者たちは、怪物はまもなく訪れる災いを知らせる存在だと説き、この考えは古代からルネサンス以降まで受け継がれた。ただし、聖アウグスティヌス（350-430）は当時からまったく違う主張をしていた。彼にとって、現実であろうと架空であろうと、本当に知るべきことは、その生き物が人間であるか、つまりアダムとイヴの子孫かどうかが問題だった。醜い生物が存在しようと、たとえそれが人間であっても、「自然の法を超えるような種は、すべての人間と同じように神の子である」。もっともらしい姿であっても、死を思わせる姿であっても、見た目にかかわらずすべては人間の仲間なのだ、と。

LE CYNOCÉPHALE (ANTHROPOZOÏDÉS)

キュノケファロス（人間の一種）
アントロポゾイデ

犬の頭をした人間キュノケファロスはアントロポゾイデ科の中心となる種である。はっきりとした発音の鳴き声で言語コミュニケーションをとる。

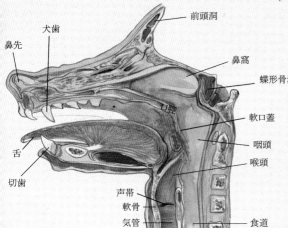

前頭洞
犬歯
鼻先
鼻窩
蝶形骨洞
口腔
軟口蓋
舌
咽頭
喉頭
切歯
声帯
軟骨
気管
食道

インドのキュノケファロス
(Cynocephalus indiorum)
（アジア）

発声器官（断面図）

喉頭で発した言語の音を、唇と口蓋のあいだの舌を器用に動かして音を変える。小さな鳴き声のような言語を話す。

喉頭の水平断面
（声門）上から見た図

喉頭
垂直断面

超自然史図版

絵：カミーユ・ランヴェルサッド
幻獣研究家

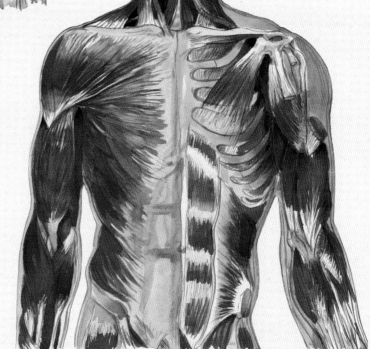

正面

デロール（パリ7区、バック通り46番地）

LES ANTHROPOMORPHES

人の姿をした動物

北方に住むイヌイットは、ホッキョクグマを人間のような姿で描く。というのもホッキョクグマもイヌイットと同じようにアザラシを食べ、真っすぐ立つことができるからだ。彼らはホッキョクグマを1頭殺すと、その恨みを追い払うために、銛や肉、靴を捧げる。イヌイットの伝承や伝説では、人間はクマに姿を変え、クマは人間に姿を変える。ピレネー山脈、北米、ヒマラヤ山脈など、人とクマがともに暮らす場所では似たような伝説が残されている。そういった話のなかでは、まるで示し合わせたかのように人間と動物の類似点が描かれている。クマはたとえ少しのあいだであれ、後ろ足2本で立って歩くことができる。ほかにも、多少大げさなところはあるが人間のような姿で描かれる生物がいる。

1830年、農民に捕らえられた河童は、逃がしてもらう代わりに、もう二度と人間と動物を襲わないことを約束して証文を残した。

日本では、何世紀も前から農民たちが河童と遭遇している。子どもほどの背丈、緑色の鱗のある肌。人間にそっくりな姿、カメのようなくちばし、背中には甲羅、カエルのような水かきのある手足。頭のてっぺんは禿げて少しへこんでいて、濡れた洗面器のようになっている。普段は湖や川に棲んでいるため、陸の上ではこの頭上の水たまりが欠かせない。いたずら好きで図々しく、ときに腹黒く、人間を襲って水中に引きずり込んで食べる危険な生き物でもあるという。力がとても強く、川を渡る馬や牛をも引きずり込んで溺れさせる。日本人は、河童をおとなしくさせる方法をよく知っているという（たとえば好物のキュウリをあげるなど）。

日本では1830年、農民に捕らえられた河童が、逃がしてもらう代わりに、もう二度と人間と動物を襲わないことを約束して証文を残した。その証文は今でも大切に保管されているという。河童は普通の動物よりもはるかに賢い生き物だと言えよう。また、日本の河川にはオオサンショウウオが生息している。1726年博物学者ヨハン・ヤーコブ・ショイヒツァーは、ある生物の化石を人類の化石と判断し「Homo diluvii testis（ラテン語で"ノアの洪水の目撃者"）」と名づけた。その後キュヴィエがその化石はオオサンショウウオの一種であると断定し、学名はショイヒツァー（Scheuchzer）の名から「Andrias scheuchzeri」と命名された。河童とオオサンショウウオのあいだには何かつながりがあるのだろうか？

1661年、エティエンヌ・ド・フラクールが記したマダガスカル島の動物リストには「トレトレトレトレ」または「トラトラトラトラ」という四足動物が記されている。「大きさは2歳の仔牛ぐらい。頭は丸く人間のような顔。サルのような前足と後ろ足。体毛はわずかにカールしていて短い尾がついている。耳は人間の耳に似ている」。フラクールは、この動物がかつてアンドレ・テヴェが紹介したサナクスの仲間ではないかと考えた。マダガスカルにサルがいたことはないが、サルに少し似たキツネザル下目の動物は数も種類も多く生息していた。トラトラトラトラは古生物学者が化石を発掘したアルカエオインドリスのような大型のキツネザルの子孫だったのかもしれない。アルカエオインドリスはゴリラよりも大きく、顔は現在のキツネザルよりも平らだった。また、それに近い種のパレオプロピテクスの2300年前の骨は切られたような跡がついた状態で発見されている。過去に実在していたことが認められた巨大鳥ヴォロンパトラのように、大型のキツネザルも18世紀まで生き延びていたとは考えられないだろうか。だからこそ、絶滅はしていないという証言が生まれたのかもしれない。マダガスカル島の住民は、その動物を「ビビー・マハガガ（驚異の動物）」または「ビビー・サムボナ（怪物のような動物）」と呼ぶ。これはマダガスカル版のイエティと考えられないだろうか？

LE KAPPA

河童

河童は北日本の自然豊かな土地に棲む人の姿をした爬虫類。沼地や川などに棲み、カメのくちばしと甲羅をもっている。頭のてっぺんは洗面器のようにへこんでいる。体長は1.3メートル。

鱗のある肌

肌は緑の鱗に守られており、陸に上がって人間を襲うことができる。好物はキュウリ。農民はキュウリを使って河童をおびき寄せて捕まえる。

へこんだ頭蓋骨
長い体毛
目
くちばし

日本の河童
(*Chelonanthropus periculosus*)
(アジア)

長い鉤爪
甲羅

上腕骨

橈骨
尺骨

手根骨
中手骨

指骨

鉤爪
水かき

手の骨格
1/2縮小

甲羅
背面

骨格
正面

驚異の部屋「ミラビリエ」、デロール（パリ7区、バック通り46番地）

LE LOUP-GAROU

狼男

1613年、ピエール・ド・ランクル裁判官は人狼症の少年の事件を担当した。13歳か14歳の少年ジャン・グレニエは、オオカミに変身して13歳のマルグリット・ポワリエを襲った。「もしその娘が棒で抵抗していなかったら、これまで食べた2、3人の子どもや娘たち（本人談）と同じように、彼のえじきとなっていただろう」。さらにその少年は「オオカミの毛を身にまとい、4本足で歩き、オオカミのように野原を駆け回り、残酷に犬を絞め殺し、子どもたちの喉をかき切って食べた」と告白している。すべては黒服を着た「森の男」の意志で行い、人間の服を脱いで特別な油を体に塗り、オオカミの皮をまとって狩りに出るという。殺人と傷害の真相、場所、日時、すべてが捜査で明らかになったが、彼がまとっていたはずの毛皮だけはどうしても見つからなかった。

> 狼男は変身しているのではなく
> 「表面をひっくり返している」。
> 見かけは人間だが「皮膚と肉」の
> あいだにオオカミの毛を隠している。

ピエール・ド・ランクルは、このオオカミへの変身は、哀れな少年（修道院に入れられ、まもなく死亡した）に非があるのではなく、悪魔の仕業と考えた。事件の訴状から狼男のさまざまな特徴を知ることができる。オオカミのような見た目、人狼症の人物はたいてい大男で、動きがすばやく、凶暴で残酷。しかし、オオカミとまったく同じ動きをするわけではない。本物のオオカミが鉤爪で獲物を引き裂くのに対し、「狼男は歯で獲物に噛みつく。まるで男性が獲物となる女性の服を引き裂かずに脱がせるように」。そしてなぜ、よりによってオオカミなのか？「オオカミは強欲で、ほかの動物より悪行を働き、イエス・キリストを象徴する羊の天敵」だからだという。さらにその大きさもポイントだ。「悪魔は人間の体を猫の毛皮に押し込んだりはしない」。猫だと小さすぎるのだ！

博物学者たちは、人がどのようにオオカミに変身するのかに興味をもった。青虫が蝶になる昆虫の変態のようなものなのか？　それとも蛆（うじ）をわかせる肉のようなものか？　19世紀までは、死んだ器官から小さな生き物が生じるのは当然だと思われていた。死んだ牛からはハチが、馬からはスズメバチが、堆肥のなかの女性の髪の毛からは蛇が生まれる。したがってオオカミへ姿を変えることは特殊な変身の一種にすぎず、この自然発生による生成のメカニズムで説明できるかもしれないと考えられた。しかし、ピエール・ド・ランクル裁判官の考えはまったく異なっていた。彼にとってはイエスが水を葡萄酒に変えたような神の力によるものでも、詩人たちの想像でもなく、すべては悪魔によるもの。さらに自然界の変態とも異なると主張した。さもないと、悪魔に創造主と同じ力があると認めることになり、神への冒瀆となる。狼男は変身しているのではなく「表面をひっくり返している」。見かけは人間だが「皮膚と肉」のあいだにオオカミの毛を隠しているのだ、と主張した。実際に、狼男の正体を暴くために、捕らえられた男が生きたまま皮をはがされることもあった。

1682年、ルイ14世の勅令により、魔女や狼男と疑わしき人々への弾圧がやわらげられた。当時は、彼らは悪魔の使いではなく奇術師とみなされていた。19世紀に入ると、人狼症は医学的な分野でしか扱われなくなる。うつ病や気分の落ち込みの一種とみなされ、フルーツを摂取させたり、強い酒の代わりに水やビールを飲ませたりすることで病を治療しようとした。

狼男の変身

満月の夜には、人狼症にかかった人間の体が生理的に反応する。
骨と筋肉が変化し体毛が増える。

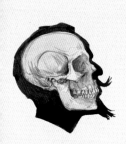 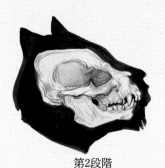 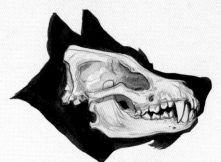

第1段階
見た目は人間だが
感覚が鋭くなる。

第2段階
頭蓋骨が変形し
体毛が伸びる。

最終段階
完全にオオカミへと
変身する。

感覚の変化

変身にともなって、視覚、聴覚、嗅覚が異常に発達する。
心拍数が上がり、体力と持久力が格段に向上する。

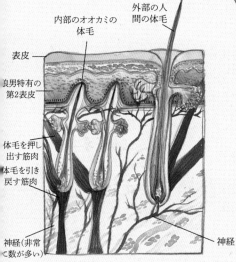

内部のオオカミの
体毛

外部の人
間の体毛

表皮

良男特有の
第2表皮

体毛を押し
出す筋肉
体毛を引き
戻す筋肉

神経(非常
に数が多い)

神経

肌の断面図と狼男の体毛

変身の際は、内側の第2表皮が表皮
を破って出てくる。一瞬で増毛する症
状は「月性多毛症」と呼ばれる。

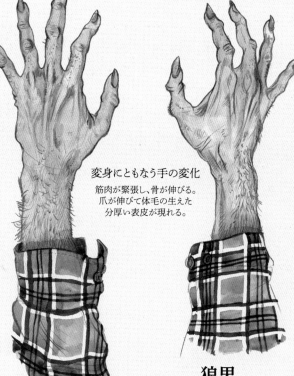

変身にともなう手の変化

筋肉が緊張し、骨が伸びる。
爪が伸びて体毛の生えた
分厚い表皮が現れる。

狼男
(*Lycanthropus hirsutus*)
(ヨーロッパ)

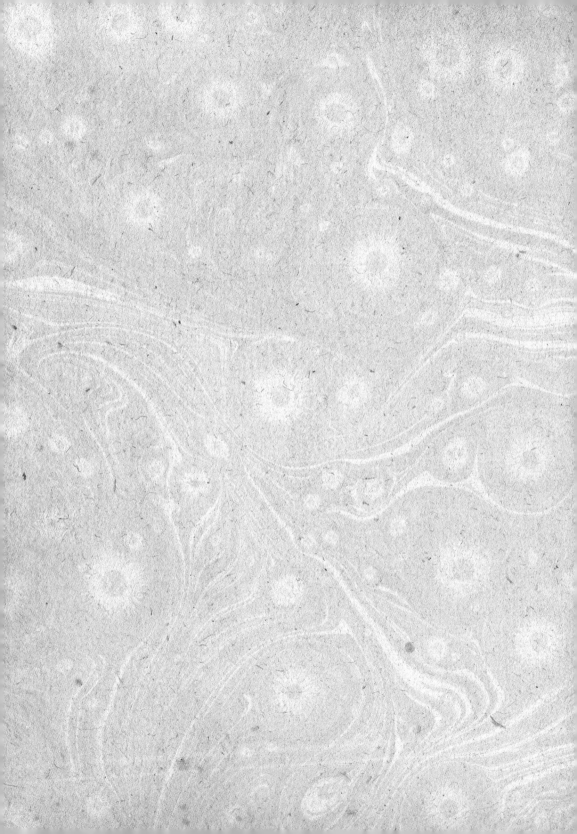

HYBRIDES ET AMALGAMES
交配・混合動物

LES LIÈVRES CORNUS

ツノウサギ

古代の著述家たちはツノウサギについて書き忘れていたようだ。初めて紹介されたのは1602年、コンラート・ゲスナーの死後に完成された『動物誌』のなかでのことだ。挿絵にはノロジカのような角をもったウサギが描かれている。もう1枚の絵では、ほとんど枝分かれしていない丸いこぶのようなものがついている。その後、博物学者たちが次々とノルウェーやロシアのヴォルガ川沿いやドイツのザクセン地方に棲むツノウサギを紹介したが、いずれも個体数がかなり少ないという。博物学者のビュフォンは「いろいろなタイプが報告されているが、仮に実在しているとしても、それは個体差にすぎない。しかも、野ウサギが食べる草がまったくなく、食べ物が樹皮、木の芽、葉、コケしかないような場所にしか現れないのだ」と完全には信じていなかった。その後は特に目立った報告がなく、19

「ヴォルパーティンガー」は
頭にシカの角を生やしたウサギで、
なんと牙と翼もついていた！

世紀になると博物学者からは忘れ去られていた。しかし、狩人たちのあいだでは角の生えたウサギの話が語り継がれていた。16世紀ドイツのバイエルンに棲んでいた「ヴォルパーティンガー」は頭にシカの角を生やしたウサギで、なんと牙と翼もついていた！　架空の動物だったとしても、本物の剝製がつくられるようになり、新たな顧客、つまり観光客を相手に売られるようになった。そもそも昔から、動物を合体させた剝製がつくられてきたが、それはあくまで伝承を彩るためのもので、地域の人だけが所有していた。ところが、新たな娯楽として旅行がさかんになると、その市場が格段に広がったのだ。ドイツのいたるところでオイバドリシュル、ラッセルボック、ディルダップなど明らかにヴォルパーティンガーに似た動物が報

告された。坂に棲むドイツの鶏「ハングフン」、アルプスに棲み山腹を同じ方向に歩けるように異なる長さの足をもつ「ダフ」など、同じような性質の動物が各地に存在するのと似ているだろう。

スイスの「スクヴェイダー」は、角こそ生えていないが翼をもったウサギだ。この動物の剝製をつくった人物は明らかになっている。1918年、ルドルフ・グランベルグが狩人の話をもとに描かれた1874年の絵を参考に剝製を作製した。もともとはオーダー品だったが現在は美術館に保存されている。また、スクヴェイダーはスウェーデンのメーデルパッド地方の非公式キャラクターとして今でも親しまれている。また、アメリカには、アンテロープの角をもつ野ウサギのジャッカロープがいる。最初につくられた剝製は1930年代にワイオミング州に住んでいた剝製作家ダグラス・ヘリックが所有していたもので、野ウサギの頭に北米に生息するプロングホーンの角がつけられていた。

1933年、ツノウサギは博物学において新たな展開を迎える。アメリカの生物学者リチャード・ショープはアイオワ州で発見された本物のジャッカロープ、というよりも頭も体も黒い角に覆われたウサギを受け取った。その正体は作り物ではなく、ウイルスに感染したウサギだった。ショープはそのウイルスを「CRPV（ウサギ乳頭腫ウイルス）」と命名。角と思われた部分は、ウイルスが原因でできた大きなイボだった。この病気はそもそもアメリカ中部の平野に限定されていたが、カリフォルニアの野ウサギを含むさまざまな種に広がることもあった。また、人間の額に奇妙な角のようなイボを生やす類似のウイルスも存在する。CRPVは現在、子宮頸がんの原因となる類似のヒト乳頭腫ウイルスのワクチン開発において重要な役割を果たしている。かつてビュフォンがツノウサギの特徴が個体によって違うことに注目したのは正しかった。コンラート・ゲスナーが書いたような姿のものもいれば、想像から生まれたもの、そしてCRPVに似たユーラシア大陸型のウイルスに感染したものがいた可能性はかなり高い。

哺乳類（近似種）
バラレポリデ

ツノウサギ（Lepus cornutus）は多形性の種である。ユーラシア大陸の北部を起源とし、のちにアメリカに移住したヨーロッパ人たちによってアメリカ大陸にも広まった。

ラッセルボック
（ドイツ・テューリンゲン）

ジャッカロープ
（アメリカ）

オイバドリシュル
（ドイツ）

たくさんの角を
生やした野ウサギ
明らかに偽物の剥製

スクヴェイダー
（スイス）

ヴォルパーティンガー
（ドイツ・バイエルン）

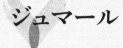

LE JUMART

ジュマール

　王政が廃止されフランス共和国が設立してから約1年後の1793年10月24日、国民公会議員デグランティーヌによる革命暦が施行された。月の名前は変更され、週の代わりに10日ごとに区切られ、聖人名の代わりに国の豊かさを表す動植物名が日ごとにつけられた。なかでも五曜日（10日区切りの5日目）には家畜の名が選ばれた。革命暦の収穫月15日（グレゴリオ暦の7月3日）はジュマールの日である。

　数か月後、革命同志のメスタニエが革命暦について詳しく説明した子ども向けの教育冊子を出版した。その冊子によると、ジュマールは「父は雄牛、母は雌馬か雌ロバという組み合わせか

ジュマールは「父は雄牛、母は雌馬か雌ロバという組み合わせから生まれた雄ラバの一種」である。

ら生まれた雄ラバの一種。牛の顔と尾をもち、腰はたくましく、馬からは足を受け継いでいる。角がありとても力が強い」。つまりジュマールは雄牛と雌馬の混合動物だという。世界初の獣医学校を設立したクロード・ブルジュラは「ジュマール（jumare）」と言われる動物を目の前で解剖させ、次のような結論を出した。「私たちの知るジュマール（jumart）に似た特殊なラバが存在するはずである」

　田舎では雄牛と雌馬の混合種が当たり前のように目撃されていた。しかし、ジュマールがそこにいたとしても、父親がどの動物なのかを知るのはきわめて難しい。自然の野原ではさまざまな動物が暮らしているため、あらゆる交配種が生まれても不思議ではない。また、出産現場を目撃することはめったにないため、実際は母親さえもよくわからないのだ！　こうしたことから博物学者ビュフォンは牛と馬の組み合わせに疑問を感じ、ジュマールと呼ばれる動物を実際に解剖した。しかしそれは単に雄馬と雌ロバの交配種ケッティだった。とはいえ、彼は可能性を完全に否定したわけではなく、なんとか本物のジュマールを誕生させようと試みた。「1767年から数年かけて、雄牛と雌馬を同じ小屋で育てた。2頭はお互いに惹かれ合い、雌馬の発情期には、雄牛は時間の許すかぎり、日に3、4回雌馬に覆いかぶさった」。しかし、雌馬が妊娠することはけっしてなかったという。それでもビュフォンは何か環境が原因ではないかと納得することはなかった。

　19世紀には、多くの博物学者がジュマールの実在を否定していた。混合動物は、それぞれの親の特徴を受け継いでいるはずだが、これまでジュマールと呼ばれてきた動物は雄牛のような角をもたず、ひづめも先が分かれてない。外科医ブローカによると、その動物は実在するが、想定されているような親同士の交配ではなく、雄馬と雌ロバの交配種ケッティのことだという。ラバは雄ロバと雌馬の交配種だが、父と母が逆の種から生まれたケッティはラバよりも小型で数も少ない。今となってはジュマールとはケッティのことだという説が有力だが、田舎では長いあいだ、偉大な師であるブジュラ博士の意見を支持する獣医たちのお墨付きのもと、ジュマールの売買が続いていたという。

　革命暦に話を戻すと、これを熱狂的に受け入れた親のなかには、暦の名称をそのまま子どもの名前にする者もいた。オベピン（西洋サンザシ）、ジョンキーユ（黄水仙）、フロレアル（花月）といった名前をもつ人が現れはじめる。ジュマールと名づけるケースも相次ぎ、革命暦2年の収穫月（メスィドール）15日に誕生したことから「ジュマール・メスィドール・サヴァリ」と名づけられた子もいた。しかし、ジュマールの実在が疑われていたことや、最初のリストに選ばれなかった項目の関連業者から抗議でもあったのか、「ジュマールの日」は「シャモアの日」（動物のシャモアではなく、シャモア革のこと）に変更された。革命暦が廃止され、聖人ラオディキアのアナトリウスが再び7月3日に祝われるようになる前のことだ。

ENSEIGNEMENT AGRICOLE, PLANCHE N°1

ジュマール
LE JUMART

ジュマール（JumartまたはGemars）は雄牛と雌馬の交配種である。牛のような顔と尾をもち、腰は馬のようにたくましい。先の分かれたひづめと小さな複数の角をもつものもいる。

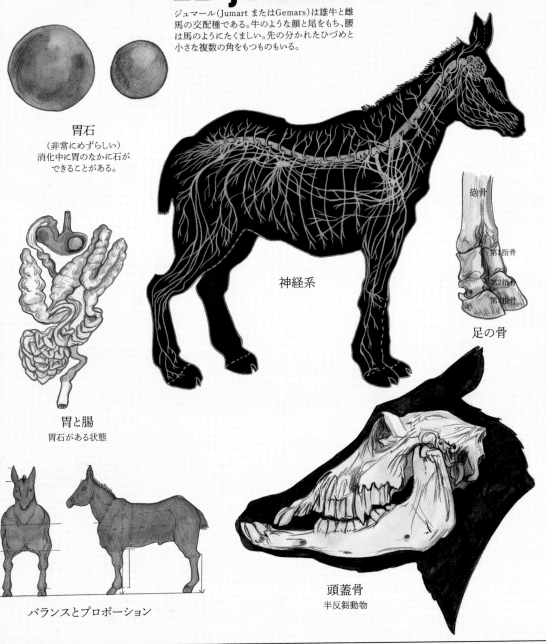

胃石
（非常にめずらしい）
消化中に胃のなかに石ができることがある。

神経系

砲骨
第1指骨
第2指骨
第3指骨

足の骨

胃と腸
胃石がある状態

バランスとプロポーション

頭蓋骨
半反芻動物

「教育用好奇心の部屋」、レ・フィス・デミール・デロール（パリ7区、バック通り46番地）

家畜の交配動物

化学、物理学、動物学など幅広い分野の研究を手がけ、数多くの書物を残した科学者レオミュールは、1769年に出版された『飼育用鳥類の年間を通した孵化と飼育方法』のなかで、ウサギと鶏が「激しい好意」を寄せ合っていたことをユーモアを交えながら語っている。「オスのウサギは、メスのウサギに対するように雌鶏に接し、雌鶏も雄鶏に許すすべての行為をウサギに許していた」。その2種のあいだに子どもができたかどうかは書かれていない。それから数年後、神父のジャック=フランソワ・ディクマールが「ル・アーヴルの住民で怪物のような鳩の雛を飼っている者がいる。体毛と肉づき、特に尻がウサギで、オスのウサギとメスの鳩のあいだに生まれた雛である」と報告している。神父はその話を疑ってはいたが、それでも猫とウサギ、鶏とアヒル、猫とネズミの混合動物がこの世に存在すると信じていた。

アキール・カサノヴァ教授の説では
雌鳩とハヤブサの交配から
カッコウが生まれるという。

雄ロバと雌馬から生まれた実在の動物ラバは、自然の力を証明する存在だ。また雄山羊と雌羊から誕生したギープも実際に存在する。家畜やペットなど同じ場所に暮らす動物の交配は日常的に行われている。羊と豚、猫とオポッサムの混合動物が生まれたとしてもおかしくはないのだ。なかには1883年のアキール・カサノヴァ教授のようにオオカミと山羊、ツバメとコウモリの交配、さらには人と馬がかけ合わさったケンタウロスの出現も可能だという主張する人物もいた。大半の博物学者からすれば、その教授は「ありそうもない馬鹿げた話」の収集家としか見られていなかった。しかし、彼はいくつものイタリアのアカデミーとつながりのある人物でもあった。彼の説

によると、雌鳩とハヤブサの交配からカッコウが生まれるというのだ！ こうした交配にまつわる謎は、新種の出現とも関係がある。博物学者キュヴィエは、交配から生まれた子が不妊になるのは異なる種をへだてる壁が簡単に越えられないことを表している、と考えた。「2種の混合が生まれたとしても、自然は互いの種を反発させることで種の変化を妨げている。最も近い種同士であっても、その2つを結びつけるには、人間の能力と策略が必要なのだ」。つまりそれは交配であって、進化ではない！ また、リンネやビュフォンが過去に示したように、交配は動物学上の同グループの多様化につながるという考えもある。とはいえ、誰もが思い描くような進化の可能性はきわめて限られている。実際に、交配が成功したとしても得られた変化はとても小さい。誕生した動物が2つの種をつなぐことにはなっても、完全に異なる種が誕生するわけではない。つまり、交配ではわずかな変化しかもたらすことはできず、交配によってまったく新しい種が生まれて進化がうながされる、という仮説にかえってブレーキをかけていることになる。

現代の生物学者たちは2つの種の中間にあたる動物に興味をもっている。異種交配がきっかけで誕生したかどうかは重要ではない。2つの種の中間にある動物には、生物の進化のヒントが隠されているからだ。たとえばカモノハシは、カモのくちばしとビーバーの尾をもち、卵を産み、子どもに乳を与える。初めは完全に悪ふざけの偽物とみなされ、信じやすい博物学者がだまされているだけだと思われていた。しかし、実際にカモノハシは存在した。さらに2億5000万年前にどのようにして爬虫類から哺乳類に進化したのかを説明する動物だったのだ。ありえないような混合動物は、どうやらいまだに絶滅していないようだ。家畜小屋には猫とウサギから生まれた動物があふれているらしい。畜産農家の話を信じるのであれば……。

ENSEIGNEMENT AGRICOLE, PLANCHE N°2
HYBRIDATIONS À LA FERME

農場での交配

農場では交配によって新たな動物が生まれる可能性は無限にある。なかにはとても興味深い交配動物もいる。鳩ウサギのモヘアはエレガントなパリジェンヌに人気だ。豚の羊毛は繊維業界に革命を起こすだろう。

猫ネズミ

鳩ウサギ

オオカミ山羊

猫オポッサム

羊豚

「教育用好奇心の部屋」、レ・フィス・デミール・デロール（パリ7区、バック通り46番地）

LE CHANG NAM

チャンナム

アジアの河川には、象の鼻と牙をもち、尻尾だけが魚の尾という奇妙な動物が棲んでいる。インドでは「ジャレバ（jalehba）」と呼ばれ、神話にも登場する。また、ミャンマーでは「イエティン（ye thin）」、タイでは「チャンナム（chang nam）」という名前を与えられている。タイのチャンナムに必ず魚の尾があるわけではないが、かなり小型で猫どころかネズミよりも小さい。しかし、だからといって害がないわけではなく、牙には人間の大人を殺せるほどの毒がある。その牙を身につけていれば、怒った象にも踏みつぶされることはない。

その牙を身につけていれば、怒った象にも踏みつぶされることはない。

2007年、民主カレン仏教徒軍の上級曹長マジ・ティネはミャンマーからタイへと国境を渡り、持参したチャンナムに500万バーツ（10万ユーロ以上）の売り値をつけた。タイの村長のウォン・タキナグは軍と対面し、5センチほどしかないその動物に4本の足、象の鼻と牙がついていることを確認した。そのチャンナムはミャンマーのカレン族が住むロサエニ村の近くで捕獲されたものだという。上級曹長によると、チャンナムの恐ろしい力によって、村を囲む森林に棲んでいた動物たちはすべて追いやられてしまった。残念ながらそのチャンナムは捕獲されて7日で死んでしまい、村人たちは腐らないようにその体を焼いたという。タイではチャンナムを持っていると大金が舞い込み、あらゆる危険から身を守ってくれるという言い伝えがある。そのためミャンマーの村人たちは国境を越えてチャンナムを売りに行くように軍人たちに頼んだのだ。

大型象の保護を目的としたタイ国立象研究所の所長は、小さな象の実在をはっきりと否定し、地域の住民にチャンナムを買わないようにと警告している。過去には、実在しないという確かな証拠がないという意見に反論するため、チャンナムのミイラのX線調査が行われた。その結果、チャンナムの骨格は歯が特殊な小さな哺乳類である食虫目のトガリネズミのような動物のものだった。ついていたはずの牙もほかの骨とつながっておらず、調査結果にはどうやって鼻と耳がつくられたのかは記されていない。

タイのメディアを信じるなら、「水の象」と呼ばれる小型象の発見はそれほどめずらしい話ではない。仏暦2506年、西暦1963年1月31日付けの国立森林伐採事務局が発行した雑誌には、ミャンマーのサラウィン川沿いでチャンナムが発見されたことが記され、プラカン・タンファイラットという人物がその様子を語っている。目撃証言によると、チャンナムは本物の大きな象の足に牙を突き刺した状態で見つかり、2頭とも死んでいたという。そのチャンナムは大きめのガラス瓶に入れて回収され博物館に展示された。だがその後、何者かに盗まれてしまったという。また、2003年には大手日刊紙『ネイション』がメーソート地区の復興を手がける業者がチャンナムを保有していると報じた。X線調査の結果、その骨格はまったく異常のないありふれた動物のものだった（実際は、何の動物か特定されていない動物の骨をもっていただけだった）。しかしその所有者は、盗まれる恐れがあるという理由で二度と人に見せようとはしなかった。

今でもタイの村民や仏教僧は、チャンナムが水から出てきたところを捕まえようとしている。陸では長く生きられないので、乾燥させて観光客に売るのだという。

チャンナム

アジアに生息する非常に小型の象。一番小さなものでネズミよりも
小さいが、牙には猛毒がある。

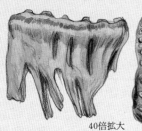

40倍拡大

歯

草食のチャンナムは、奥歯で種をす
りつぶす。象の歯に似て上部はひ
し形でエナメル質になっている。

チャンナム
(*Microelephas venenarius*)
(アジア)

乾燥したチャンナム
ピーナッツと比較

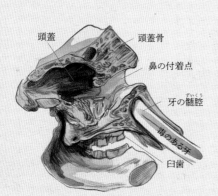

頭蓋
頭蓋骨
鼻の付着点
牙の髄腔
萌のちる牙
臼歯

頭
8倍拡大

化石
第四紀（実寸大）

教育博物館「モンストラリウム」、デロール（パリ7区、バック通り46番地）

L'HYDRE

ヒュドラ

水中に棲む蛇の一種で、たいへん賢く、敵対するコカトリス（coquatrix）に傷を負わせる方法を熟知している」。ノルマンディーのギヨーム・ル・クレールは『神の動物寓話［Bestiaire divin］』のなかで、ヒュドラについてこのように書いている。ヒュドラは大きなトカゲ目の動物を食べるため、ここでのコカトリスがクロコダイル（cocodrille）を指しているのであれば納得がいく。しかし、その生態は謎に包まれており、さまざまな混乱が生じていた。

ワニと敵対するヒュドラは死んだふりをして自分を食べさせる。ワニの体内に入るとその内臓をむさぼり食って出てくる。

ヒュドラは強烈な毒をもつ水陸両生の蛇だという説がある。プリニウスによれば、その肝臓は、咬まれた痕の傷に効くという。一方セビーリャの聖イシドールスは牛の糞が効くと勧めた。どちらが本当かはわからないが、ヒュドラがワニと敵対していたのは間違いない。滑りやすいように泥の上でとぐろを巻き、死んだふりをして食べさせるのだ。そしてワニの体内に入った途端、その内臓をむさぼり食い、「勝利に歓喜しながら」出てくるという。しかし、この様子はイクネウモン、つまりエジプトマングースを指しているとも考えられる。イクネウモンは鳥がワニの歯を掃除しようと口のなかに入った隙を狙い、大きく開かれたワニの口から体内に滑り込み、内臓、特に肝臓を食い尽くす。そして空っぽになったワニを残して去っていくのだ。また、ほかの説ではヘラクレスに退治されたレルネのヒュドラの子孫と考えられており、切られてもすぐに再生する7つの頭をもつと信じられていた。2本の足と長い尾があり、その姿は蛇というよりドラゴンに似ている。その他のバージョンのヒュドラであっても、おもな生態は変わらないと考えられている。

本当の姿がどうであれ、ヒュドラは中世においてキリスト教のシンボルとなった。動物寓話では、ワニはどちらかといえば悪魔側の動物だ。したがって、ワニを攻撃する動物は善の側に属するものでなければならない。そこからヒュドラは、泥から人間を創り上げ、自由を奪われた魂を解放するため地獄へと向かう神の象徴とされた。パトヴァの聖アントニオによると、ヒュドラは貧しさと慎ましさの泥の上でとぐろを巻く使徒である。暴君の口のなかに自ら入り、飲み込まれる前にその無信心な言葉の数々を暴いていく。暴君が息絶えると、使徒は生きたままその体から出て信仰を広めたという。

1730年ごろに記されたヒュドラの姿は、これまでのなかで最もありえないような姿をしている。ジャン・フレデリック・ナトルプは、ハンブルクの裕福な貿易商からヒュドラを見せてもらい、その様子をアムステルダムの薬剤師であり、有名な「驚異の部屋」をもつ友人アルベール・セバに書き送った。セバはそのヒュドラがいくつかの動物を合体させた偽物ではないかと疑いつつも、ナトルプの「けっして人工のものではなく、自然の産物だと証明されている」という言葉を信じてしまう。自著の『アルベール・セバの驚異の部屋・自然の珍品解説書』にはかなり詳細な挿絵が掲載されている。2本足のワニのような姿、7つの曲がりくねった頭にはライオンの歯があり、尾は蛇のようだ。さらにセバは、博物学者コンラート・ゲスナーが記述した怪物のようなヒュドラとも比較している。ゲスナーは「2本の前足、下向きにカールした尾、冠のようなものをかぶったライオンの頭が7つある」と記している。ゲスナーが描写したこの「水棲の蛇」は、1530年にトルコからフランス国王に贈られたものだという。ハンブルクにあったヒュドラは間違いなく最後の生き残りだろう。なぜなら、それ以降はヒュドラに関する明確な記述は見つかってない。また、明らかに間違いからだろうが、ヨーロッパの湿地に生息する微小動物にもこの恐ろしい獣の名前がついている。その名も「淡水のヒュドラ」

REPTILES (CHÉLONIFORMES)

爬虫類（カメに似た）
ケロニフォルム

ヒュドラの7つの頭はカメに似ているが、カメにはない鋭い歯がある。凶暴なヒュドラはワニの天敵である。

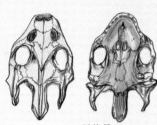

頭蓋骨
上から見た図と下から見た図

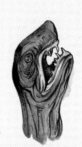  

死んだ頭
活動しない付属部

結合した頭
活動は鈍い

中心の頭
活動する司令塔

7つの頭

中心に司令塔の役割を果たす頭があり、その横に2つの頭がついている。ほかの4つは誕生時から死んでいた頭の名残である。

ヒュドラ
(*Heptacephalus horribilis*)
（アフリカ）

教育博物館「モンストラリウム」、デロール（パリ7区、バック通り46番地）

LA TARASQUE

タラスク

タ　ラスクの伝説は、ヨーロッパ各地で勇敢な騎士や司教に退治されてきた中世のドラゴン伝説とよく似ている。西暦50年ごろ、パレスティナの若きキリスト教徒マルタはフランスのプロヴァンス地方の海岸に上陸する。そしてその後、ローヌ川を渡る旅人たちを襲う巨大な獣に遭遇する。「マルタはたったひとりで信仰を盾にして怒れる怪物に立ち向かい、鎮めることに成功した。その土地の人々はどんなに驚いたことだろうか？　ベタニアの聖処女マルタがしっかりとした足取りと穏やかな表情で現れ、おぞましい怪物をまるで臆病な子羊のように自身の腰に結んだ紐で従えていたのだ」

タラスクは人間に似た頭をもち、その大きな顎はマンティコアをも思わせる。

　翼のあるドラゴン、翼をもたないドラゴン、2本足、4本足、6本足、毒をもつドラゴン、火を吐くドラゴンは存在する（または存在していた）。それらを目の前にすれば、すぐにドラゴンの仲間だとわかるだろう。ところがタラスクはほかのドラゴンとは違い、はっきりと分類できないほどいろいろな要素がつまっている。その起源を知るには何世紀もさかのぼり、ありえないような組み合わせから古代の怪物まで、さまざまな怪物の交配を想像しなければならない。マンティコア、海のライオン、巨大ガメ、おそらくハルピュイアやドラゴンも……。

　タラスクの鱗のある肌は伝統的なドラゴンに似ている。しかしそれが魚のような骨質のものか、爬虫類のような角質化したものかはよくわかっていない。そして、そのトカゲのような胴体には、なんとも釣り合わない頭がついている。ドラゴンといえば、爬虫類らしい鱗と胴体、そこに違和感の

ない頭がついているものだ。だがタラスクは人間に似た頭をもち、その大きな顎はマンティコアをも思わせる。間違いなく人間の姿をした怪物の一種だろう。

　約2000年前の絵によると、タラスクには乳房があり哺乳類として描かれている。同じように鱗があるが魚類でも爬虫類でもなく、授乳をして子どもを育てるセンザンコウという実在の哺乳類がいる。しかし、タラスクとは似ても似つかない姿だ。また、その絵のタラスクには尾に大きなとげが描かれていて、そのとげにはサソリのような毒があると考えられる。ここにも再びマンティコアとの共通点がみられ、さらにハルピュイアの姿も浮かぶ。そして、古代の怪物たちと最も異なる点は、甲羅をもっているということだ。その甲羅はカメや日本の河童（98ページ）を思わせる。しかしこれは異なる系統の動物が類似した性質をもつ収斂進化にすぎないのかもしれない。カメとカエルが合体したような日本の川に棲む河童が、西洋での交配に加わりタラスクを生み出したと考えるにはあまりに距離がある。また、動物学上で最も問題となるのが6本の足だ。数としては昆虫と同じだが、脊椎動物で3対の足をもつ種は存在しない。たいていのドラゴンは4本足か、2本足に2枚の翼。タラスクが絶滅してしまった今となっては、どんな遺伝的な変動があったのかはわからない。まったくの新種だったのか、単なる変異だったのか、固有の種で子孫を残さなかったのか。

　姿を消したタラスクは、今でも毎年タラスコンの街で祝われている。そしてその名は絶滅した爬虫類の恐竜タラスコサウルス（1991年に古生物学者のル・ルフとビュフトが命名）の由来にもなった。大腿骨1本と数本の椎骨しか見つかっていないアベリサウルス科の恐竜で、尻尾も含めると3、4メートルの肉食獣だ。生態学的にはオオカミやワニと同じ集団にあたる興味深い動物だが、タラスクのインパクトには到底かなわない。

MAMMOREPTILES (POLYHYBRIDES)

乳房をもつ爬虫類（多種交配）^{ポリイブリッド}

空想の動物と呼ばれるタラスクは、ドラゴン、マンティコア、カメなど複数の種が交配して生まれた動物である。重くて丸い甲羅を6本の足でかろうじて支えている。

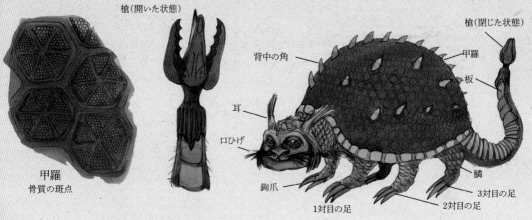

槍（開いた状態）

背中の角

耳

口ひげ

鉤爪

1対目の足

甲羅
骨質の斑点

槍（閉じた状態）

甲羅

板

鱗

3対目の足

2対目の足

槍
槍は3枚の骨質の蓋で覆われている。攻撃の際はすぐさま蓋が開く。紫外線から守られ、強い毒性を保ちつづけることができる。

タラスク
（*Martichodraco sanguinarius*）
（ヨーロッパ）

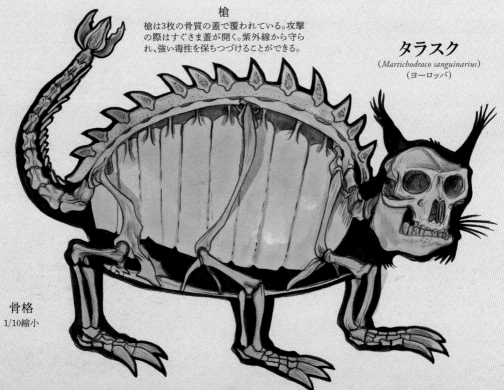

骨格
1/10縮小

驚異の部屋「ミラビリエ」、デロール（パリ7区、バック通り46番地）

付　　録

カミーユ・ランヴェルサッド

　20世紀に生まれ、幼いころより神秘的な世界や冒険に憧れを抱く。自然豊かな南フランスを駆けまわり、その想像の世界にはいつも人魚や幽霊、妖精たちがいた。シャープペンシルと絵筆を手にしてからは、神話や伝承に出てくる鱗や体毛や羽を追い求めて、心の奥底まで旅に出かけた。

　2006年にリヨンの美術学校「エコール・エミール・コール」を卒業すると、ダンディな探検家ファッションに身を包んだ怪物デッサン画家として、異国や失われた世界への探求をつづける。空想の動物を研究する「幻獣学」の発案者であり、北欧神話のエルフ学の研究者ピエール・デュボアと共同で『ドラゴンと怪獣 [Dragons et Chimères]』を出版。研究は古生物学の分野にとどまらず、祖父の影響から植物学にも情熱を注ぎ、リオネル・イニャールと共著で『空想の植物標本 [Herbier Fantastique]』を出版。

　その後、世界の不思議を追い求める道中でフレデリック・リザックと出会い、2人で水中への旅に出る。スコットランドのネス湖の奥深くでの調査から、太平洋の深海の巨大タコを探す旅まで、有名な海の怪物のさまざまな確かな証拠を持ち帰り『海の怪物と深海の生物たち [Monstres Marins, et autres créatures des eaux sombres]』を出版。さらにコナン・ドイルの『バスカヴィル家の犬』やジェヴォーダンの獣に見られるようなオオカミの呪いについてまとめた『オオカミの呪い [La Malédiction des Loups]』も出版している。

　あるときは不思議な動物の展示人、あるときは混合動物の彫刻家、あるときは移動型の驚異の部屋の製作者、さらにはお祭りの客引き、風笛吹き、絶滅した鳥ドードーの飼育人、虫好きの美食家、怪物デザインの教師といったさまざまな顔をもつ。パリのバー「ル・コントワール・ジェネラル」を手がけ、ブロワの「魔術博物館」ではドミニク・マルケと、「パレオポリス博物館」では古生物学者のエリック・ビュフトとともに展示を手がけた。さらに歌手のリーズや映画『悲哀クラブ [Tristesse Club]』の監督ヴァンサン・マリエットなど、さまざまな分野の人々の作品にも参加している。

著作

『Dragons et Chimères, carnets d'expédition ［ドラゴンと海獣　探検ノート］』ピエール・デュボアと共著、オベック刊、2008 年

『L'herbier Fantastique, Recherches sur la botanique étrange et néanmoins véritable ［空想の植物標本　奇妙だけど本物の植物研究］』リオネル・イニャールと共著、プルーム・ド・キャロット刊、2010 年

『Monstres Marins, et autres créatures des eaux sombres ［海の怪物と深海の生物たち］』フレデリック・リザックと共著、プティット・プルーム・デ・キャロット刊、2011 年

『La Malédiction des Loups, une enquête du Club des Chasseurs de l'Etrange ［オオカミの呪い　驚異の動物狩猟クラブの調査結果より］』フレデリック・リザックと共著、プティット・プルーム・デ・キャロット刊、2012 年

ジャン＝バティスト・ド・パナフィユー

　幼いころよりウミグモ、ナマコ、腹毛動物などに心を奪われる。ところが、こうした奇抜な名前の生物が空想の怪物ではないことに落胆する。ゴカイ（同じく海の生物。醜くて太い突起が並ぶ）もユニコーン（太平洋に生息するツマリテングハギ、この名は味気ないが）も同じく存在していた。陸に目を向けてもつねに伝説の動物を探しつづけ、サテュロスと呼ばれるジャノメチョウ（臭くて小さい）、ドラゴンと呼ばれる生き物たち（翼はあるが小さくてちっとも火も吐かない）、猫（これは普通）に出会う。その後、カミーユ・ランヴェルサッド教授とのすばらしい出会いをきっかけに本物の幻想動物の世界を知ることとなる。

　自然や科学に関する子ども向けや一般向けの書籍を約50冊執筆。さらに展覧会やボードゲームの企画発案、講演会の開催など、生命の進化、先史時代、エコロジー、食事、動物といった愛してやまないテーマを中心に活動している。

近年の著作

『Évolution［進化］』、グザヴィエ・バラル刊、2007 年（『骨から見る生物の進化』）

『Le bestiaire marin［海の動物たち］』、プルーム・デ・キャロット刊、2008 年

『(R)évolution des mutants［変異の大変革］』、ガルフ・ストリーム刊、2011 年

『Histoires de squelettes［骨格の話］』、ガリマール刊、2012 年

『Les insectes nourriront-ils la planète ?［昆虫が地球を育むのか?］』、ル・ルエルグ刊、2013 年

『Les bêtes biscornues, saugrenues, toutes nues［とっぴで奇妙な裸の動物たち］』ガルフ・ストリーム刊、2013 年

『La grande aventure de l'évolution［進化の大冒険］』、ミラン刊、2014 年

主要参考文献

古典

Aldrovandi Ulysse, *Monstrorum historiae*, 1642.

Anderson Johan, *Histoire naturelle de l'Islande*, Paris, 1754.

Antoine de Saint-Gervais A., *Les Animaux célèbres*, Paris, 1813.

Arnault de Nobleville Louis, *Histoire naturelle des animaux*, Paris, 1756.

Beauvais Pierre (de), *Bestiaire*, trad. Cahier Charles. *In Mélanges d'archéologie, d'histoire et de littérature*, 1853.

Belon Pierre, *L'Histoire naturelle des estranges poissons marins*, Paris, 1551.

Belon Pierre, *L'Histoire de la nature des oyseaux*, Paris, 1555.

Belon Pierre, *Les Observations de plusieurs singularitez et choses mémorables trouvées en Grèce, Asie, Judée, Égypte, Arabie et autres pays estranges*, Paris, 1588.

Borel Pierre, *Les Antiquitez, raretez, plantes, minéraux et autres choses considérables de la ville et Comté de Castres d'Albigeois*, Castres, 1549.

Brehm Alfred, *La Vie des animaux illustrée*, Paris, 1869.

Buffon, *OEuvres complètes*.

Charlevoix P.-F.-X.(de), *Histoire de l'Isle espagnole ou de S. Domingue*, Amsterdam, 1733.

Collin de Plancy J.A.S., *Dictionnaire infernal*, Paris, 1818.

Dicquemare J.-F. abbé, « *Remarques sur la possibilité et le résultat de liaisons étranges entre des animaux très différents, à l'occasion d'un Pigeon singulier* », *Journal de physique, de chimie, d'histoire naturelle et des arts*, vol. 12, 1778.

Du Tertre, *Histoire générale des Ant-Isles habitées par les François*, Paris, 1667.

Élien, *Histoires diverses, trad.* M. Dacier, Paris, 1827.

Évariste, « Les coquecigrues », in L'album. *Journal des arts, des modes et des théâtres*, 1822.

Flacourt Étienne (de), *Histoire de la grande isle de Madagascar*, Paris, 1661.

Floquet Amable, *Histoire du privilège de saint Romain*, Rouen, 1833.

Fournival Richard (de), *Le Bestiaire d'amour, trad. Célestin Hippeau*, Paris, 1860.

Frézier Amédée, *Relation du voyage de la mer du sud aux côtes du Chili, du Pérou et du Brésil*, Amsterdam, 1717.

Gesner Conrad, *Historiae animalium*, Zürich, 1551.

Gesner Conrad, *Nomenclator aquatilium animantium. Icones animalium in mari et dulcibus*, Heidelberg, 1606.

Grevin Jacques, *Deux livres des venins*, Anvers, 1568.

Guillaume, Clerc de Normandie, *Le Bestiaire divin, trad. Célestin Hippeau*, Caen, 1852.

Lacépède, *Histoire naturelle des poissons*, Paris, 1798.

Lancre Pierre (de), *Tableau de l'inconstance des mauvais anges et démons*, Paris, 1613.

Landrin Armand, *Les Monstres marins*, Paris, 1867.

Latini Brunetto, *Li livres dou tresor, P. Chabaille*, Paris, 1863.

Léon l'Africain, *De l'Afrique, trad. Jean Temporal*, Paris, 1830.

Lucain, *La Pharsale*.

Magnus Olaus, *Histoire des pays septentrionaux*, Paris, 1611.

Maillet Benoist (de), *Telliamed, ou Entretiens d'un philosophe indien avec un missionnaire françois sur la Diminution de la Mer, la Formation de la Terre, l'Origine de l'Homme*, etc. Amsterdam, 1748.

Mandeville Jean (de), *Voyage autour de la Terre*, Les belles lettres, 1993.

Martin de La Martinière Pierre, *Voyage des païs septentrionaux*, Paris, 1671.

Ménage Gilles, *Dictionnaire étymologique de la langue françoise*, Paris, 1750.

Milne-Edwards Alphonse et Grandidier Alfred, *Histoire naturelle des oiseaux*, Paris, 1876.

Paré Ambroise, *OEuvres*, Paris, 1582.

Pauw Cornelius (de), *Recherches philosophiques sur les Américains*, Berlin, 1771.

Philostrate, *Apollonius de Tyane : sa vie, ses voyages, ses prodiges*, trad. A. Chassang, Paris, 1862.

Physiologus ou Bestiaire, trad. Cahier Charles, in *Mélanges d'archéologie, d'histoire et de littérature*, 1851.

Pline, *Histoire naturelle*.

Polo Marco, *Le Livre de Marco Polo*, Pauthier M.G., Paris, 1865.

Pontoppidan Erik, *The Natural History of Norway*, London, 1755.

Réaumur René (de), *Art de faire éclore et d'élever en toute saison des Oiseaux domestiques de toutes espèces*, Paris, 1749.

Rondelet Guillaume, *L'Histoire entière des poissons*, Lyon, 1558.

Salgues Jacques, *Des erreurs et des préjugés répandus dans les diverses classes de la société*, Paris, 1818.

Séville Isidore (de), *Étymologies*.

Suchetet André, *La Fable des jumarts*, Mémoires de la société zoologique de France, 1890.

Thevet André, *Cosmographie universelle*, Paris, 1575.

Thevet André, *Les singularitez de la France Antarctique, autrement nommée Amérique, & de plusieurs Terres et Isles découvertes de nostre temps*, Paris, 1568.

Timbs John, *Eccentricities of the animal creation*, London, 1869.

Tyson Edward, *Orang-Outang, sive Homo Sylvestris: or, the Anatomy of a Pygmie Compared with that of a Monkey, an Ape, and a Man*, London, 1699.

Vallot Jean Nicolas, *Le Limaçon de la mer Sarmatique*, Mémoires de l'Académie impériale des sciences arts et belles-lettres de Dijon, 1832.

Véron Joseph, *Histoire de la vie et du culte de sainte Marthe*, Avignon, 1868.

現代の書籍

Belmont Nicole, *Aux sources de l'ethnologie française : l'académie celtique*, éditions du CTHS, 1995.

Bondeson Jan, *The Feejee Mermaid*, Cornell University, 1999.

Costello Peter, *À la recherche des monstres lacustres : le monstre du loch-Ness et beaucoup d'autres*, Plon, 1977

Dance Peter, *Faux animaux, escroqueries et mystifications*, Pierre Horay, 1978.

Duchet-Suchaux Gaston et Pastoureau Michel, *Le Bestiaire médiéval : dictionnaire historique et bibliographique*, Le Léopard d'or, 2002.

Hagenbeck Carl, *Beasts and Men*, London, 1912.

Heuvelmans Bernard, *Dans le sillage des monstres marins (tomes 1-2)*, Plon, 1958.

Heuvelmans Bernard et Porshnev Boris Fedorovich, *L'homme de Néanderthal est toujours vivant*, Plon, 1974.

Zucker Arnaud, *Physiologos : le bestiaire des bestiaires*, éd. Jérôme Millon, 2004.

【著者】

ジャン＝バティスト・ド・パナフィユー
Jean-Baptiste de Panafieu

1955年生まれ。パリ第6大学出身。自然科学の教授資格と海洋生物学の
博士号を持つ。ガリマール・ジュネス、ミラン、ナタンの各出版社より、
科学の解説書を多数発表している。近年は大学を離れ、ドキュメンタリ
ー・フィルムの監督および脚本家としても活躍している。邦訳に『骨か
ら見る生物の進化』（共著）がある。

【画】

カミーユ・ランヴェルサッド
Camille Renversade

2006年、リヨンの美術学校エコール・エミール・コール卒業。幻獣研究家、
怪物デッサン画家。異国や失われた世界への探求をつづける。共著に『ドラ
ゴンと怪獣［*Dragons et Chimères*］』、『空想の植物標本［*Herbier Fantastique*］』
などがある。

【翻訳】

星加久実
ほしか・くみ

仏語・英語翻訳者。東京大学文学部思想文化学科（宗教学・宗教史学）卒。
映画配給会社勤務を経て、映画の字幕・書籍の翻訳に携わる。

CRÉATURES FANTASTIQUES DEYROLLE
Textes de Jean-Baptiste de Panafieu
Planches de Camille Renversade
© Éditions Plume de Carotte, 2017
This book is published in Japan by arrangement
with Éditions Plume de Carotte,
through le Bureau des Copyrights Français, Tokyo.

図説 異形の生態

幻想動物組成百科

2021 年 2 月 26 日　第 1 刷

著者…………ジャン＝バティスト・ド・パナフィユー

画…………カミーユ・ランヴェルサッド

訳者…………星加久実

装幀…………岡孝治

発行者…………成瀬雅人
発行所…………株式会社原書房

〒160-0022 東京都新宿区新宿 1-25-13
電話・代表 03（3354）0685
http://www.harashobo.co.jp
振替・00150-6-151594

印刷…………シナノ印刷株式会社
製本…………東京美術紙工協業組合

©Hoshika Kumi, 2021
ISBN978-4-562-05904-1, Printed in Japan